中等职业专业最新财会系列教材

成本会计(第三版)
习题与解答

丁元霖 主编

立信会计出版社
LIXIN ACCOUNTING PUBLISHING HOUSE

图书在版编目(CIP)数据

成本会计(第三版)习题与解答/丁元霖主编. —3版.
—上海:立信会计出版社,2018.9
ISBN 978-7-5429-5970-6

Ⅰ.①成… Ⅱ.①丁… Ⅲ.①成本会计—中等专业学校—题解 Ⅳ.①F234.2-44

中国版本图书馆 CIP 数据核字(2018)第 227815 号

策划编辑　　蔡莉萍
责任编辑　　蔡莉萍

成本会计(第三版)习题与解答

出版发行	立信会计出版社				
地　　址	上海市中山西路 2230 号		邮政编码	200235	
电　　话	(021)64411389		传　真	(021)64411325	
网　　址	www.lixinaph.com		电子邮箱	lxaph@sh163.net	
网上书店	www.shlx.net		电　话	(021)64411071	
经　　销	各地新华书店				
印　　刷	常熟市梅李印刷有限公司				
开　　本	710 毫米×960 毫米		1/16		
印　　张	10.25				
字　　数	191 千字				
版　　次	2018 年 9 月第 3 版				
印　　次	2018 年 9 月第 1 次				
印　　数	1—3000				
书　　号	ISBN 978-7-5429-5970-6/F				
定　　价	25.00 元				

如有印订差错,请与本社联系调换

中等职业教育最新财会系列教材编写说明

为了满足中等职业学校财经专业和商贸专业的教学需要,在立信会计出版社的大力支持下,我们将根据中等职业学校学生的特点,陆续编写出版中等职业类最新财会系列教材。该套教材包括《基础会计》《财务会计》《成本会计》《财务管理》和《税务会计》共五本。与教材配套的习题与解答书将同步出版。

该套教材的特点是:理论联系实际,深入浅出,通俗易懂;遵循循序渐进的原则,合理安排各门学科的教学内容,使之详略得当;教材之间既衔接紧密,又保持相对独立;与该套教材配套的习题与解答书中还附有测试题,便于学生自测。

该套教材由长期从事会计教学工作,和会计实际工作,具有丰富教学经验的教学专家编写。我们欢迎选用该套教材的教师就教材中存在的问题及时与我们沟通、探讨,以利于教材质量的提高。

目前,《基础会计》一书已出了第三版,《财务会计》一书已出了第四版,《成本会计》一书已出了第三版,《财务管理》一书已出了第二版,都有相当的销量。总之,该套教材取得了一定的市场效应和社会效益。

编　者

2018 年秋

第三版前言

本书自 2008 年 7 月出版以来,承蒙广大读者厚爱,已印刷了 4 次。印数达 10 300 册。

《成本会计》(第二版)一书出版已有多年,为了体现教材的先进性,我们对该书进行了修订,出了第三版,本书作为《成本会计》的配套教材,也相应进行了修订。

本书习题部分由刘芳源、石厚云、马洪照、孙伟桓修订,习题解答由刘芳源、刘骥、应红梅、马洪照、孙伟桓修订,测试题由丁元霖修订。

全书由丁元霖主编并审阅,由于作者水平有限,疏漏之处在所难免,恳请广大读者批评指正。

编　者
2018 年秋

初版前言

为了满足教师教学和学生自学的需要,我们按照中等专业学校和中等职业学校财经专业的教学要求编写了这本书。本书是以立信会计出版社出版的"中专中职最新财会系列教材"丛书中的《成本会计》一书中所附的思考题和练习题为基础改编、扩编而成的。

本书习题部分的题型分为概念题和练习题。概念题又分为是非题、单项选择题和多项选择题,此外还有测试题。这样既有利于教师根据不同的需要选用,又有利于学生进行自测。

通过对这些习题的练习,可以使学员较好地掌握财务会计的理论知识和核算方法,加强对学员基本技能的训练,培养提高学员的动手能力和分析问题、解决问题的能力。

本书的习题部分由刘芳源、杨炜之、傅秋菊、吴峥编写,测试题由丁元霖编写;习题解答部分由丁元霖、刘骥编写,测试题由丁元霖编写。

全书由丁元霖主编并审阅。由于作者水平有限,疏漏之处在所难免,恳请广大读者批评指正。

编　者
2008 年 7 月

目　　录

习　　题

第一章　总论 ·· 1
　概念题 ·· 1

第二章　成本核算概述 ·· 3
　概念题 ·· 3

第三章　费用的归集与分配 ·· 5
　概念题 ·· 5
　练习题 ·· 7
　　习题一　练习材料费用和包装费用的归集与分配 ···························· 7
　　习题二　练习人工费用的归集与分配 ·· 8
　　习题三　练习外购动力费用的归集与分配 ····································· 10
　　习题四　练习其他费用的归集与分配 ··· 10
　　习题五　练习辅助生产成本的归集与分配 ····································· 11
　　习题六　练习制造费用的归集与分配 ··· 11
　　习题七　练习生产损失的核算 ·· 12

第四章　产品成本计算概述 ··· 14
　概念题 ··· 14
　练习题 ··· 16
　　习题一　练习在产品清查的核算 ··· 16
　　习题二　练习按所耗直接材料费用计算在产品成本法 ···················· 17
　　习题三　练习用两种不同的定额方法分配完工产品与
　　　　　　在产品的成本 ··· 17
　　习题四　练习用约当产量法分配完工产品与在产品成本
　　　　　　（单工序） ··· 18

习题五　练习用约当产量法分配完工产品与在产品成本
　　　　　（多工序）……………………………………………… 18

第五章　产品成本计算的基本方法 ……………………………… 20
　概念题 …………………………………………………………… 20
　练习题 …………………………………………………………… 24
　　习题一　练习品种法的核算 ……………………………………… 24
　　习题二　练习分批法的核算 ……………………………………… 26
　　习题三　练习简化分批法的核算 ………………………………… 27
　　习题四　练习逐步结转分步法的核算 …………………………… 28
　　习题五　练习平行结转分步法的核算 …………………………… 30

第六章　产品成本计算的辅助方法 ……………………………… 32
　概念题 …………………………………………………………… 32
　练习题 …………………………………………………………… 35
　　习题一　练习分类法的核算 ……………………………………… 35
　　习题二　练习原材料脱离定额差异的核算 ……………………… 36
　　习题三　练习加工费用脱离定额差异的核算 …………………… 36
　　习题四　练习定额法的核算 ……………………………………… 37
　　习题五　练习联产品成本的计算 ………………………………… 38
　　习题六　练习副产品和等级品成本的计算 ……………………… 38

第七章　成本报表和成本分析 …………………………………… 40
　概念题 …………………………………………………………… 40
　练习题 …………………………………………………………… 41
　　习题一　练习成本报表的编制 …………………………………… 41
　　习题二　练习对成本计划完成情况的计算与分析 ……………… 42
　　习题三　练习可比产品成本降低情况的分析 …………………… 42
　　习题四　练习对产品单位成本项目的分析 ……………………… 42

测试题 ……………………………………………………………… 44
　测试题一 ………………………………………………………… 44
　测试题二 ………………………………………………………… 52
　测试题三 ………………………………………………………… 60

习题解答

第一章　总论 68
　　概念题 68

第二章　成本核算概述 69
　　概念题 69

第三章　费用的归集与分配 70
　　概念题 70
　　练习题 70
　　　习题一　练习材料费用和包装费用的归集与分配 70
　　　习题二　练习人工费用的归集与分配 73
　　　习题三　练习外购动力费用的归集与分配 76
　　　习题四　练习其他费用的归集与分配 77
　　　习题五　练习辅助生产成本的归集与分配 78
　　　习题六　练习制造费用的归集与分配 81
　　　习题七　练习生产损失的核算 84

第四章　产品成本计算概述 87
　　概念题 87
　　练习题 87
　　　习题一　练习在产品清查的核算 87
　　　习题二　练习按所耗直接材料费用计算在产品成本法 ... 88
　　　习题三　练习用两种不同的定额方法分配完工产品与
　　　　　　　在产品的成本 88
　　　习题四　练习用约当产量法分配完工产品与在产品成本
　　　　　　　（单工序） 90
　　　习题五　练习用约当产量法分配完工产品与在产品成本
　　　　　　　（多工序） 91

第五章　产品成本计算的基本方法 93
　　概念题 93

练习题 …………………………………………………………… 93
　　　习题一　练习品种法的核算 ………………………………… 93
　　　习题二　练习分批法的核算 ……………………………… 103
　　　习题三　练习简化分批法的核算 ………………………… 104
　　　习题四　练习逐步结转分步法的核算 …………………… 107
　　　习题五　练习平行结转分步法的核算 …………………… 112

第六章　产品成本计算的辅助方法 ……………………………… 116
　概念题 …………………………………………………………… 116
　练习题 …………………………………………………………… 116
　　习题一　练习分类法的核算 …………………………………… 116
　　习题二　练习原材料脱离定额差异的核算 ………………… 119
　　习题三　练习加工费用脱离定额差异的核算 ……………… 120
　　习题四　练习定额法的核算 ………………………………… 121
　　习题五　练习联产品成本的计算 …………………………… 123
　　习题六　练习副产品和等级品的计算 ……………………… 124

第七章　成本报表和成本分析 …………………………………… 126
　概念题 …………………………………………………………… 126
　练习题 …………………………………………………………… 126
　　习题一　练习成本报表的编制 ……………………………… 126
　　习题二　练习对成本计划完成情况的计算与分析 ………… 126
　　习题三　练习可比产品成本降低情况的分析 ……………… 128
　　习题四　练习对产品单位成本项目的分析 ………………… 130

测试题 ……………………………………………………………… 132
　测试题一 ………………………………………………………… 132
　测试题二 ………………………………………………………… 138
　测试题三 ………………………………………………………… 145

习 题

第一章 总 论

概 念 题

一、是非题

1. 在实际工作中,产品成本包括的内容与理论上阐述的产品成本是一致的。（ ）

2. 为了加强经济核算,对于不形成产品价值的废品损失、停工损失,都将其列入了产品成本。（ ）

3. 产品成本是反映和控制企业生产经营管理工作的综合性的价值指标,又是确定企业生产经营损益的基础。（ ）

4. 成本会计是商品经济发展到一定历史阶段的产物,是随着社会生产的发展而发展的。（ ）

5. 成本会计工作的组织主要包括设置成本会计机构、配备成本会计人员和制定成本会计制度等内容。（ ）

6. 企业内部的成本会计制度应根据社会主义市场经济和国家宏观调控的需要,并结合企业生产经营特点和成本管理的具体要求制定。（ ）

二、单项选择题

1. 产品成本由_____组成。
   A. 生产过程中消耗的生产资料价值
   B. 生产过程中消耗的生产资料价值和劳动者为社会劳动所创造的价值
   C. 生产过程中消耗的生产资料价值和劳动者为自己劳动所创造的价值
   D. 生产过程中消耗的生产资料价值,劳动者为自己劳动和社会劳动所创造的价值

2. 成本会计的首要任务是_____。
   A. 正确计算产品成本,及时提供成本信息
   B. 严格审核和控制费用支出、降低产品成本

C. 为制定产品价格提供依据

D. 开展成本分析与考核,提高成本管理水平

三、多项选择题

1. 产品价值是由_____组成。

   A. 生产经营过程中耗费的生产资料价值

   B. 劳动者为自己劳动所创造的价值

   C. 劳动者为社会劳动所创造的价值

   D. 产品的成本和利润

2. 产品成本具体的作用主要表现在是综合反映企业生产技术和经营管理水平的重要指标、_____。

   A. 是补偿生产耗费的尺度

   B. 是企业产品进入国际市场及反倾销调查的重要指标

   C. 是制定产品价格的重要依据

   D. 是企业进行经营决策的重要依据

3. 设置成本会计机构应与企业_____相适应。

   A. 自身规模的大小　　　　　　B. 生产经营业务的繁简

   C. 成本会计人员的强弱　　　　D. 管理上的要求

第二章 成本核算概述

概 念 题

一、是非题

1. 虽然成本核算应遵循成本分期原则,然而由于产品的生产类型和产品成本计算方法的不同,其完工产品的成本计算期可能与会计分期不一致。（ ）

2. 划清收益性支出和营业外支出,可以为正确核算产品成本和利润总额创造条件。（ ）

3. 定额既是编制成本计划的依据,又是成本核算的标准。（ ）

4. 产品生产和产出的原始记录及凭证有工作通知单、工序进程单、废品通知单和产成品入库单等。（ ）

5. 根据管理的需要可以以计划成本作为内部结算价格,也可以以实际成本作为内部结算价格。（ ）

6. 生产费用是指企业生产各种产品所发生的应计入产品成本的各项费用。（ ）

7. 企业在生产产品过程中直接用于产品生产的各种燃料,按经济用途分类,应归入直接材料成本项目。（ ）

二、单项选择题

1. 购建固定资产而发生的资本性支出,不能直接计入产品成本系遵循_____原则。

　　A. 实际成本　　B. 成本分期　　C. 合法性　　D. 效益性

2. _____可以防止出现多计成本、费用或少计成本、费用的现象。

　　A. 划清收益性支出与资本性支出及营业外支出的界限
　　B. 划清生产费用与期间费用的界限
　　C. 划清各个会计期间的费用界限
　　D. 划清完工产品与在产品的费用界限

3. 产品成本核算的第三步骤是_____。

　　A. 分配制造费用
　　B. 分配辅助生产费用

C. 分配后归集本月份发生的各项费用

D. 计算并结转完工产品成本

三、多项选择题

1. 企业在成本核算过程中应遵循实际成本原则、成本分期原则、一贯性原则和_____等。

  A. 合法性原则 B. 配比原则 C. 重要性原则 D. 效益性原则

2. 成本核算的要求有_____。

  A. 划清各种费用的界限

  B. 做好成本核算的基础工作

  C. 建立企业内部的结算制度和结算价格

  D. 选用合适的成本计算方法

3. 企业应建立和健全存货的_____制度。

  A. 计量 B. 验收 C. 领退 D. 盘点

4. 产品成本核算的账户体系由_____构成。

  A. 原材料 B. 基本生产成本 C. 辅助生产成本 D. 制造费用

第三章 费用的归集与分配

概 念 题

一、是非题

1. 材料领退的凭证主要有领料单、限额领料单和退料单等。（　）
2. 考勤记录能为企业计算计时工资、加班加点工资、中夜班津贴提供依据。（　）
3. 工作通知单是指以每一批加工产品的整个工艺流程为对象签发的，用以分派生产任务，并记录每一道工序的产量和工时的原始记录。（　）
4. 外购动力在生产的各种产品之间分配的标准有生产工时比例、定额消耗量比例和产量比例等。（　）
5. 固定资产折旧费用按其使用车间或部门及用途，分配后记入"基本生产成本"、"销售费用"和"管理费用"等账户。（　）
6. 交互分配法和计划成本分配法均需要分两步分配辅助生产费用。（　）
7. 直接用于产品生产的费用应全部记入"基本生产成本"账户，间接用于产品生产的费用应全部记入"制造费用"账户。（　）
8. 制造费用中的"人工费用"明细项目是指支付给各个生产车间的管理人员的各种形式的报酬。（　）
9. 制造费用分配的方法主要有生产工人工时比例分配法、生产工人人工费用比例分配法和机器工时比例分配法。（　）
10. 由于按生产工人工时比例法分配制造费用，将生产工人的劳动生产率与产品负担的费用水平联系了起来，因此是最合理的分配方法。（　）
11. 不论是在生产过程中发现的废品，还是在入库后发现的不合格产品均属于废品。（　）
12. 可修复废品是指在技术上是能够修复的废品。（　）
13. 废品报废损失是指不可修复废品的生产成本扣除收回材料及废料价值后的损失。（　）
14. 停工损失包括停工期间发生的生产工人人工费用、应负担的制造费用和所耗费的燃料及动力等。（　）

15. 因刮台风停电而发生一个工作日的停工应作为停工损失处理。（　　）

二、单项选择题

1. _____是指在当月或在一定时期内可以多次使用的领发料的凭证。
   A. 领料单　　　B. 限额领料单　　　C. 领料登记表　　　D. 退料单

2. 按_____分配直接材料费用,可以考核材料消耗定额的执行情况,便于分析材料耗费差异对成本的影响,有利于加强对材料消耗定额的管理。
   A. 定额消耗量比例　　　　　　B. 定额成本比例
   C. 重量比例　　　　　　　　　D. 产量比例

3. _____适用于辅助生产车间之间相互提供劳务较多,而提供数量却不平衡的企业。
   A. 直接分配法　　　　　　　　B. 交互分配法
   C. 计划成本分配法　　　　　　D. 工时比例分配法

4. 经检验部门鉴定不需要返修而可以降价出售的不合格品,其售价低于合格品售价所发生的损失,应_____。
   A. 列入"废品损失"账户　　　　B. 列入"销售费用"账户
   C. 列入"营业外支出"账户　　　D. 体现在产品销售损益内

5. 可修复"废品损失"是指_____。
   A. 返修废品前发生的生产费用
   B. 返修废品前发生的生产费用加返修废品发生的修复费用
   C. 返修废品发生的修复费用
   D. 返修废品发生的加工费用

三、多项选择题

1. 材料费用的分配标准有重量比例、_____。
   A. 定额消耗量比例　　　　　　B. 定额成本比例
   C. 产量比例　　　　　　　　　D. 实际消耗量比例

2. 人工费用中的其他相关支出包括职工福利费、工会经费、职工教育经费、社会保险费和_____。
   A. 住房公积金　　　　　　　　B. 特殊情况下支付的工资
   C. 非货币福利　　　　　　　　D. 辞退福利

3. _____应计算计件工资。
   A. 合格品　　　B. 工废废品　　　C. 料废废品　　　D. 返修品

4. 归集的基本生产车间生产工人的工资费用中,属于间接计入费用的有_____。
   A. 计时工资　　　　　　　　　B. 津贴和补贴

C. 奖金 D. 特殊情况下支付的工资

5. 企业的财产保险费在摊销时,可根据受益部门不同,分配记入_____、"管理费用"等账户。

   A. "基本生产成本" B. "辅助生产成本"
   C. "销售费用" D. "制造费用"

6. 辅助生产费用根据辅助生产车间服务对象的不同,可能成为企业的_____。

   A. 产品成本的组成部分 B. 期间费用
   C. 营业外支出 D. 销售成本

7. 废品交库单、_____等是进行废品损失核算的原始凭证。

   A. 废品通知单 B. 领料单
   C. 考勤卡 D. 工作通知单

8. 企业因_____等原因而造成的损失应在"停工损失"账户核算。

   A. 季节性生产停工 B. 设备大修理停工
   C. 计划减产停工 D. 设备发生故障停工

练 习 题

习题一 练习材料费用和包装费用的归集与分配

一、资料

1. 金泰工厂基本生产车间生产 A,B 两种产品,原材料按实际成本计价。3月31日,根据领料原始凭证归集,基本生产车间 A 产品直接耗用原材料55 710元,B 产品直接耗用原材料38 450元,A,B 两种产品还共同耗用原材料98 880元。A 产品定额消耗量为15 000千克,B 产品定额消耗量为9 000千克。辅助生产车间中,供电车间耗用原材料12 500元,供气车间耗用原材料7 200元,基本生产车间耗用原材料6 920元,销售部门耗用原材料3 100元,行政管理部门耗用原材料3 750元。

2. 天方工厂基本生产车间生产 E,F 两种产品,原材料按计划成本计价。3月31日,根据领料原始凭证归集,基本生产车间 E 产品直接耗用原材料计划成本为52 200元,F 产品直接耗用原材料计划成本为45 600元。E,F 两种产品还共同耗费圆钢 30 000 千克,每千克3.80元,计114 000元。现共生产 E 产品3 000件,单位消耗定额为6千克;生产 F 产品2 400件,单位消耗定额为5千克。辅助生产车间中,供电车间耗用原材料计划成本为17 800元,供气车间耗用原材料计划成本为10 600元,基本生产车间耗用原材料计划成本为9 000元,销售部门耗用原材料计划成本为3 200元，行政管理部门耗用原材料计划成本为4 000元。基本生产车间和辅助生产车间耗用的材料成本差异率为1.5%，其他部门领用的材料成本差异率为－1%。

3. 恒瑞工厂包装物按计划成本计价。3月31日，根据领料原始凭证归集，基本生产车间包装A产品，领用木箱500只，每只20元；包装B产品，领用木箱400只，每只单价15元。销售部门领用随货出售不单独计价的蛇皮袋250只，每只2元；并领用随货出售单独计价包装产品用大木箱100只，每只成本单价30元。包装物的材料成本差异率为2%。

二、要求

1. 根据"资料1"，归集和分配材料费用。
2. 根据"资料2"，归集和分配材料费用。
3. 根据"资料3"，归集和分配包装费用。

习题二　练习人工费用的归集与分配

一、资料　曙光工厂3月份发生下列经济业务：

1. 31日，根据工资结算汇总表（见图表习题3-1），提取现金备发职工薪酬。

图表习题3-1

工资结算

2017年

车间或部门		应发计时工资	计件工资	奖金	津贴和补贴	
					中夜班津贴	副食品补贴
基本生产一车间	生产工人	73 350.00	78 240.00	14 960.00	950.00	2 500.00
	管理人员	10 470.00		980.00		150.00
基本生产二车间	生产工人	50 540.00	53 680.00	10 080.00	600.00	1 700.00
	管理人员	7 020.00		680.00		100.00
发电车间	全部人员	13 900.00		1 200.00	100.00	200.00
修理车间	全部人员	10 200.00		850.00		150.00
销售部门	销售人员	9 450.00		900.00		150.00
行政管理部门	管理人员	29 130.00		2 620.00		350.00
建筑安装部门	安装人员	6 180.00		620.00		100.00
合　　计		210 240.00	131 920.00	32 890.00	1 650.00	5 400.00

2. 31日，根据工资结算汇总表中应发薪酬及代扣款项发放职工薪酬。

3. 31日，第一基本生产车间生产A、B两种产品，其计件工资为78 240元，其中：用于A产品48 850元，用于B产品29 390元；第二基本生产车间生产C、D两种产品，其计件工资为53 680元，其中：用于C产品29 708元，用于D产品23 972元。这两个基本生产车间其余部分生产工人工资属于间接计入工资费用，分别按第一、第二基本生产车间生产各自产品的实际工时分配。据统计，A产品耗用5 000工时，B产品耗用3 000工时，C产品耗用3 050工时，D产品耗用2 450工时，分配本月份各类人员的工资费用。

4. 31日，根据工资结算汇总表及工资分配的情况，按工资总额的14%、2%、1.5%、21%、1%和7%，分别计提职工福利费、工会经费、职工教育经费、养老保险费、失业保险费和住房公积金。

二、要求

1. 编制会计分录。
2. 编制工资费用分配表和其他人工费用计算分配表。

汇总表

3月15日   单位：元

应发薪酬	代扣款项						实发金额
	住房公积金	养老保险费	医疗保险费	失业保险费	个人所得税	合计	
170 000.00	11 900.00	13 600.00	3 400.00	1 700.00	24.00	30 624.00	139 376.00
11 600.00	812.00	928.00	232.00	116.00	3.00	2 091.00	9 509.00
116 600.00	8 162.00	9 328.00	2 332.00	1 166.00	15.00	21 003.00	95 597.00
7 800.00	546.00	624.00	156.00	78.00		1 404.00	6 396.00
15 400.00	1 078.00	1 232.00	308.00	154.00		2 772.00	12 628.00
11 200.00	784.00	896.00	224.00	112.00		2 016.00	9 184.00
10 500.00	735.00	840.00	210.00	105.00		1 890.00	8 610.00
32 100.00	2 247.00	2 568.00	642.00	321.00	72.00	5 850.00	26 250.00
6 900.00	483.00	552.00	138.00	69.00		1 242.00	5 658.00
382 100.00	26 747.00	30 568.00	7 642.00	3 821.00	114.00	68 892.80	313 208.00

习题三 练习外购动力费用的归集与分配

一、资料 昌化工厂发生下列有关的经济业务：

1. 3月31日，根据计量仪表记录本月份共耗用外购动力47 500度。其中：基本生产车间生产A、B两种产品，动力用电37 500度，照明用电2 200度，修理车间用电2 800度，运输车间用电1 100度，销售部门用电1 200度，行政管理部门用电2 700度，每度电费为0.72元。对直接用于产品的外购动力采用生产工时比例标准进行分配。据统计，A产品耗用16 000生产工时，B产品耗用9 000生产工时。

2. 4月2日，收到电力公司账单，列明上月耗用电力47 500度，每度0.72元，计价款34 200元，增值税额5 814元。当即签发转账支票付讫。

二、要求
1. 编制外购动力费用分配表。
2. 编制会计分录。

习题四 练习其他费用的归集与分配

一、资料 华立工厂1月份发生下列经济业务：

1. 1日，以银行存款预付本季度第一基本生产车间机器设备的租赁费6 000元。

2. 5日，以银行存款预付本年度的财产保险费60 000元。

3. 31日，计提本月份固定资产折旧费用61 980元，其中：第一基本生产车间为25 200元，第二基本生产车间为23 100元，发电车间为5 800元，修理车间为4 200元，销售部门为1 260元，行政管理部门为2 420元，予以转账。

4. 31日，本月份第一基本生产车间领用专用工具2套，每套1 750元，修理车间领用工具一批，金额1 500元，工具的材料成本差异率为－4%，均采用五五摊销法进行摊销。

5. 31日，销售部门领用用具一批，金额400元；行政管理部门领用管理用具一批，金额600元。材料成本差异率均为2%，均采用一次摊销法进行摊销。

6. 31日，"辅助生产成本——修理车间"账户共归集的金额为41 060元，分配的结果第一基本生产车间为18 800元，第二基本生产车间为16 200元，发电车间为3 900元，销售部门为600元，行政管理部门为1 560元。

7. 31日，摊销应由本月份第一基本生产车间负担的机器设备租赁费。

8. 31日，摊销应由本月份负担的财产保险费。其中：第一基本生产车间占40%，第二基本生产车间占35%，修理车间占10%，销售部门占4%，行政管理部门占11%。

二、要求 编制会计分录。

习题五 练习辅助生产成本的归集与分配

一、资料 华安工厂10月份各辅助生产车间发生辅助生产费用和生产的产品与提供劳务的数量的有关资料如下：

1. 发电和修理两个辅助生产车间发生的辅助生产费用分别为42 470元和61 642元。

2. 辅助生产车间生产的产品与劳务耗用汇总表如图表习题3-2所示。

图表习题3-2

产品与劳务耗用汇总表

受益对象	供电度数（度）	修理工时数（小时）
发电车间	—	90
修理车间	2 500	—
A产品	32 000	—
B产品	265 000	—
基本生产车间	4 000	1 560
行政管理部门	3 500	60
合　　计	68 500	1 710

3. 发电车间和修理车间的计划单位成本分别为0.65元和31.60元。

二、要求

1. 根据"资料1""资料2"，分别用直接分配法和交互分配法分配辅助生产费用。

2. 根据"资料1""资料2"和"资料3"，用计划成本分配法分配辅助生产费用。

习题六 练习制造费用的归集与分配

一、资料 申新工厂基本生产车间3月份发生下列有关的经济业务：

1. 1日，以转账支票支付委托外单位设计图纸费4 130元。

2. 10日，以转账支票支付购置办公用品费510元。

3. 18日，车间主任出差回来报销差旅费1 760元，并退回多余现金40元，以结清预支款。

4. 20日，摊销应由本月份负担的生产设备租赁费2 000元。

5. 25日，以转账支票支付电话费540元。

6. 26日，摊销应由本月份负担的财产保险费880元。

7. 31日，本月份耗用原材料计划成本为4 500元，材料成本差异率为1％。

8. 31日，分配本月份应负担的工资费用16 000元，并按工资总额的14％、2％、1.5％、20％、1％和7％分别计提职工福利费、工会经费、职工教育经费、养老保险费、失业保险费和住房公积金。

9. 31日，分配本月份应负担的固定资产折旧费用24 060元。

10. 31日，领用专用工具一批价值2 800元，用五五摊销法摊销。

11. 31日，分配基本生产车间应负担发电车间提供的电力费用2 525元和修理车间提供的设备维修费用11 650元。

12. 31日，基本生产车间生产A，B，C三种产品的生产工人耗用的工时分别为4 000小时、3 200小时和2 400小时，据以分配制造费用。

二、要求

1. 编制会计分录。

2. 登记"制造费用"明细账。

3. 编制制造费用分配表。

习题七 练习生产损失的核算

一、资料

1. 申江工厂基本生产车间3月31日发生下列经济业务：

(1) 投产A产品1 000件，原材料在生产加工时一次投入。在加工到50％时，发生10件不可修复废品，全部加工完毕验收时，合格品为985件，不可修复废品为5件。生产A产品耗用直接材料为101 200元，直接人工为66 600元，燃料及动力为13 380元，制造费用为37 200元，结转15件不可修复废品成本。

(2) 仓库将15件A产品的废品残料验收入库，每件计价10元。

(3) 将废品净损失结转A产品成本。

2. 复兴工厂基本生产车间3月31日发生下列经济业务：

(1) 各种费用分配表列明B产品的修复费用为2 800元。其中：原材料1 310元，人工费用880元，外购动力150元，制造费用460元，予以转账。

(2) 可修复B产品经批准由责任人负责赔偿720元，予以转账。

(3) 将废品净损失分配转入B产品成本。

(4) 各种费用分配表列明该车间第一班组因机器故障停工8个小时，应负担停工损失费用为9 200元。其中：人工费用7 120元，外购动力费72元，制造费用2 008元，予以转账。

(5) 经查明，停工是因生产工人王明违反操作规程所致，领导决定由其负责赔偿停工损失的 10%。

（6）该车间生产 A、B 两种产品。A 产品耗用 6 000 工时，B 产品耗用 3 000 工时，分配本月份的停工损失。

二、要求

1. 根据"资料 1"，采用实际成本法编制"废品损失计算表"，并编制会计分录。

2. 如果"资料 1"中，A 产品的定额成本为 220 元，其中：直接材料为 102 元，直接人工为 66 元，燃料及动力为 14 元，制造费用为 38 元，则采用定额成本法编制"废品损失计算表"，并编制会计分录。

3. 根据"资料 2"，编制会计分录。

第四章 产品成本计算概述

概 念 题

一、是非题

1. 广义的完工产品包括狭义完工产品和各生产车间已经完成生产过程，并由中间仓库验收入库的、尚需继续加工的半成品。（ ）

2. 无论采用什么分配方法，通常总是先计算出月末在产品成本，然后再计算完工产品成本。（ ）

3. 在产品在发生非正常损失时，其在生产过程中耗用的外购材料、外购燃料及动力等所发生的增值税进项税额应由企业负担。（ ）

4. 采用按定额成本计算在产品成本法时，定额成本与实际成本的差异，分别由完工产品和月末在产品负担。（ ）

5. 按定额成本计算在产品成本法和定额比例法虽然在计算的方法上有所不同，但是其结果都是有利于对生产费用的控制。（ ）

6. 定额比例法用定额费用比例分配完工产品和月末在产品成本是为了简化计算工作。（ ）

7. 约当产量法可以根据需要统一确定在产品原材料费用和加工费用的约当产量，也可以分别确定原材料费用和加工费用的约当产量。（ ）

8. 企业只有在正确核算在产品数量的前提下，才能正确确定在产品原材料费用和加工费用的约当产量。（ ）

9. 约定产量法特别适用于月末在产品数量较大，且各月月末在产品数量不稳定、起伏较大，产品成本中原材料费用和加工费用各项目费用比重相差不多的产品。（ ）

10. 多步骤生产具有工艺技术复杂、生产周期长、产品品种稳定、生产由多个车间或多个企业协作完成的特点。（ ）

11. 装配式多步骤生产通常采用大量生产或成批生产的组织方式。（ ）

12. 在产品成本计算方法的内容中，成本计算对象是产品成本计算基本方法的核心。（ ）

13. 具有多步骤工艺过程、大量或大批生产组织特点的产品,通常采用分批法计算产品成本。( )

14. 当生产工艺过程和成本管理的要求不同时,可以将几种不同的成本计算方法结合运用。( )

二、单项选择题

1. 广义的在产品不包括_____。
   A. 正在返修的废品
   B. 等待返修的废品
   C. 已经验收入库的、尚需继续加工的半成品
   D. 已经验收入库的、准备对外销售的半成品

2. _____适用于采掘、发电、供水等企业。
   A. 不计算在产品成本法
   B. 按固定成本计算在产品成本法
   C. 按所耗原材料费用计算在产品成本法
   D. 约当产量法

3. _____适用于造纸、酿酒、碾米等企业。
   A. 不计算在产品成本法
   B. 按固定成本计算在产品成本法
   C. 按所耗原材料费用计算在产品成本法
   D. 约当产量法

4. _____是适用性广泛的分配方法。
   A. 按固定成本计算在产品成本法
   B. 按定额成本计算在产品成本法
   C. 定额比例法
   D. 约当产量法

5. _____是产品成本计算的辅助方法。
   A. 分批法　　　　　　　B. 分类法
   C. 分步法　　　　　　　D. 品种法

三、多项选择题

1. 狭义在产品包括各个车间正在加工的在制品、_____。
   A. 正在返修的废品
   B. 等待返修的废品
   C. 已验收入库的、尚需继续加工的半成品
   D. 本车间虽已加工完毕,但尚未验收入库的产品

2. 计算产品成本公式中的未知数为_____。
   A. 月初在产品成本　　　　　　B. 月末在产品成本
   C. 本月生产费用　　　　　　　D. 本月完工产品成本
3. 定额比例法适用于_____的企业。
   A. 定额管理基础好
   B. 月末在产品数量变动不大
   C. 月末在产品数量变动较大
   D. 产品各项消耗定额及费用定额比较准确和稳定
4. 按定额耗用量分配完工产品成本和月末在产品成本反映了_____。
   A. 完工产品与月末在产品各成本项目的实际耗用量
   B. 完工产品与月末在产品各成本项目的实际费用额
   C. 完工产品与月末在产品各成本项目的定额费用额
   D. 完工产品与月末在产品各成本项目的差异额
5. 可以根据完工率来确定_____的约当产量。
   A. 单工序生产的在产品原材料费用
   B. 单工序生产的在产品加工费用
   C. 多工序生产的在产品原材料费用
   D. 多工序生产的在产品加工费用
6. 产品成本计算方法的内容有_____、设置成本明细账和成本项目及确定产品总成本和单位成本。
   A. 确定成本计算对象　　　　　B. 归集生产费用
   C. 结转生产费用　　　　　　　D. 确定成本计算期
7. 在实际工作中,企业应根据_____和成本管理的要求确定成本计算方法。
   A. 产品生产的类型　　　　　　B. 生产组织的特点
   C. 生产的规模　　　　　　　　D. 生产工艺的需求

练 习 题

习题一　练习在产品清查的核算

一、**资料**　新江工厂3月份发生下列经济业务:

1. 27日,接到第一基本生产车间送来在产品盘点盈亏报告单,列明盘盈A在产品2件,每件150元;盘亏B在产品5件,每件150元。原因待查。

2. 28日,接到第二基本生产车间送来在产品毁损报告单,列明因水灾毁损C在产品90件,每件120元,计10 800元;该部分C产品应负担增值税进项税额为1 020元。予以转账。

3. 28日,盘盈的A在产品经批准予以核销转账。

4. 29日,今查明盘亏的B在产品是车间管理人员失职造成的,经批准由其负责赔偿30%,其余70%作为企业损失。

5. 30日,C在产品残料作价600元,验收入库。

6. 31日,保险公司付来C在产品遭受水灾损失的赔偿款9 000元,存入银行,其余部分作为企业损失处理。

二、要求 编制会计分录。

习题二 练习按所耗直接材料费用计算在产品成本法

一、资料 南方工厂生产A产品,原材料在生产开始时一次投入。4月份月初在产品成本为44 500元,本月耗用直接材料151 300元,直接人工72 600元,燃料及动力18 200元,制造费用37 400元。本月完工产品800件,月末在产品300件。

二、要求 按所耗原材料费用计算在产品成本法编制产品成本计算表。

习题三 练习用两种不同的定额方法分配 完工产品与在产品的成本

一、资料 东方工厂生产A产品有关资料如下:

1. 3月1日,期初在产品成本为101 000元,其中:直接材料73 408元,直接人工14 160元,燃料及动力4 968元,制造费用8 464元。本期发生的生产费用为418 648元,其中:直接材料231 176元,直接人工108 945元,燃料及动力25 395元,制造费用53 132元。A产品该月生产完工750件,月末在产品300件,其定额工时为600小时,原材料在生产开始时一次投入,A产品原材料费用单位定额为296元,每工时费用定额为49.55元,其中:直接人工28.40元,燃料及动力6.95元,制造费用14.20元。

2. 本月完工A产品的单位产品原材料定额成本为296元,定额工时为5小时。

二、要求

1. 根据"资料1",按定额成本计算在产品成本法编制产品成本计算表。

2. 根据产品成本计算表编制会计分录。

3. 根据"资料1"和"资料2",用定额比例法编制产品成本计算表。

4. 根据产品成本计算表编制会计分录。

习题四 练习用约当产量法分配完工产品与在产品成本(单工序)

一、资料 星光工厂A产品系单工序生产的产品,月末完工产品450件,在产品250件,有关资料如下:

1. 3月1日,月初在产品成本为51 800元,其中:直接材料30 180元,直接人工12 100元,燃料及动力3 200元,制造费用6 320元。本月生产费用为155 789元,其中:直接材料80 455元,直接人工42 812元,燃料及动力10 990元,制造费用21 532元。

2. A产品生产开始时投料70%,当在产品加工到50%时,再投料20%,当在产品加工到75%时,再投料10%。月末在产品加工程度为70%。

3. A产品单位定额工时为10小时,月末在产品250件,其中:200件完工率为60%,50件完工率为80%。

二、要求

1. 根据上列资料分别计算月末在产品原材料费用约当产量和加工费用的约当产量。

2. 根据上列资料及"要求1"计算的结果,用约当产量法编制产品成本计算表。

3. 根据产品成本计算表编制会计分录。

习题五 练习用约当产量法分配完工产品与在产品成本(多工序)

一、资料 星光工厂B产品系三道工序生产的产品,月末完工产品600件,在产品330件,有关资料如下:

1. 3月1日,月初在产品成本为57 589元,其中:直接材料32 875元,直接人工12 816元,燃料及动力4 410元,制造费用7 488元。本月生产费用为171 769元,其中:直接材料83 897元,直接人工45 568元,燃料及动力15 680元,制造费用26 624元。

2. B产品各工序原材料都在开工时一次投入。第一、第二、第三道工序单位产品原材料费用消耗定额分别为12千克、6千克和2千克,月末在产品的数量分别为80件、100件和150件。

3. B产品的第一、第二、第三道工序单位产品工时定额分别为10小时、6小时和4小时,这三道工序在产品的完工率分别为50%、60%和40%。

二、要求

1. 根据上列资料分别计算在产品原材料费用约当产量和加工费用的约当产量。
2. 根据上列资料及计算的约当产量编制"产品成本计算表"。
3. 根据"产品成本计算表"编制会计分录。

第五章 产品成本计算的基本方法

概 念 题

一、是非题

1. 品种法只适用于具有单步骤工艺过程的大量、大批生产组织特点的企业。（　）

2. 分批法的成本计算期就是产品的生产周期，它与会计报告期是不一致的。（　）

3. 采用分批法如当月完工产品的数量不多，占投产批量比重较小时，对完工产品可以先按计划单位成本或定额单位成本计价，将其作为完工产品成本。（　）

4. 简化分批法对间接计入生产费用，可以采用累计分配法在各批产品之间进行分配。（　）

5. 简化分批法设置的"基本生产成本"二级明细账要按成本项目反映各批别产品发生的生产费用和生产工时。（　）

6. 简化分批法设置的"基本生产成本"二级明细账与三级明细账是进行平行登记的，因此"基本生产成本"二级明细账各项目的金额与其所属明细分类账各项目的金额之和必然相等。（　）

7. 采用简化分批法时，产品的生产周期越长，月末完工产品的批别越多，简化的程度就越多。（　）

8. 分步法实际上都是将生产车间视为生产步骤，作为成本计算对象的。（　）

9. 分步法的成本计算期与会计报告期相一致，而与生产周期却不一致。（　）

10. 逐步结转分步法有半成品入库和半成品直接转移两种不同的计算程序。（　）

11. 逐步结转分步法由于只能采用实际成本计价，因此后一生产步骤自制半成品成本必须等前一生产步骤计算出自制半成品成本以后才能进行。（　）

12. 成本还原的目的是将产成品的综合成本分解为原始成本构成的产成品成本。（　　）

13. 平行结转分步法适用于具有多步骤工艺过程的大量、大批生产组织特点的，在管理上不要求计算半成品成本的企业。（　　）

14. 平行结转分步法的自制半成品验收入库时，应将其成本转入"自制半成品"账户。（　　）

15. 采用平行结转分步法，月末各生产步骤归集的生产费用应在完工产品与狭义的在产品之间进行分配。（　　）

16. 平行结转分步法存在不利于各生产步骤成本的管理、分析和考核以及不利于各生产步骤的实物管理与资金管理的缺点。（　　）

二、单项选择题

1. 品种法是最_____的成本计算方法。
   A. 简单　　　　　　　　　　B. 原始
   C. 基本　　　　　　　　　　D. 主要

2. 分批法适用于_____。
   A. 单步骤工艺过程的大量、大批生产组织特点的企业
   B. 多步骤工艺过程的单件、小批生产组织特点的企业
   C. 多步骤工艺过程的大量、大批生产组织特点的企业
   D. 单步骤工艺过程的大量、大批生产组织特点的小型企业

3. 简化分批法由于设置了"基本生产成本"二级明细账，因此"基本生产成本"三级明细账在产品完工前_____。
   A. 只登记间接生产费用
   B. 只登记直接计入费用
   C. 只登记间接计入费用和生产工时
   D. 只登记直接计入费用和生产工时

4. 简化分批法对于间接计入费用可以采用累计分配法_____。
   A. 在完工产品与月末在产品之间进行分配
   B. 在完工产品之间进行分配
   C. 在各批完工产品之间进行分配
   D. 在各批完工产品与月末在产品之间进行分配

5. 成本还原的对象是_____。
   A. 各生产步骤完工产品所耗上一步骤自制半成品成本
   B. 最后步骤产成品成本
   C. 各生产步骤领用的自制半成品成本

D. 各生产步骤半成品成本

6. 逐步结转分步法各生产步骤的生产费用需要在_____之间进行分配。

   A. 产成品与广义的在产品

   B. 本步骤自制半成品或产成品与在产品

   C. 产成品与月末在产品

   D. 本步骤自制半成品与在产品

7. 甲产品共有两个生产步骤,第一步骤完工半成品成本为112 500元,第二步骤领用第一步骤半成品成本为106 000元,完工产成品成本为120 000元,其中自制半成品成本项目为100 000元,甲产品的成本还原率为_____。

   A. 0.9440　　　　　　　　　　B. 0.9391

   C. 0.8889　　　　　　　　　　D. 0.9

8. 品种法、分批法和分步法最主要的是_____不同。

   A. 生产工艺过程的特点

   B. 核算的繁简程度

   C. 核算产品成本的时间

   D. 成本计算对象

9. 采用_____在核算产品成本时必须设置基本生产成本二级明细账。

   A. 平行结转法　　　　　　　　B. 逐步结转法

   C. 分批法　　　　　　　　　　D. 简化分批法

10. 在成本计算过程中,计算自制半成品成本采用的是_____。

    A. 逐步结转分步法　　　　　　B. 平行结转分步法

    C. 品种法　　　　　　　　　　D. 分批法

三、多项选择题

1. 品种法的特点主要表现在_____等方面。

   A. 成本计算对象　　　　　　　B. 成本计算期

   C. 生产费用的归集　　　　　　D. 生产费用的分配

2. 企业在_____情况下,可以采用简化分批法。

   A. 各月投产的产品的批别较多

   B. 月末完工产品的批别较多

   C. 月末完工产品批别较少

   D. 月末未完工产品的批别较多

3. 简化分批法在月末_____。

   A. 在完工产品与在产品之间分配生产费用

   B. 只对完工产品分配间接计入费用

C. 只计算完工产品成本
D. 不分批计算在产品成本

4. 企业采用逐步结转分步法的原因主要有_____。
   A. 计算产成品成本的需要
   B. 对外销售的需要
   C. 成本控制的需要
   D. 成本分析的需要

5. 逐步结转分步法除了第一生产步骤外,其他生产步骤生产的自制半成品或产成品成本中,只能反映_____。
   A. 本步骤所耗费的原材料费用
   B. 本步骤所耗费的加工费用
   C. 前一生产步骤转入的原材料和加工费用
   D. 前一生产步骤转入的自制半成品成本

6. 平行结转分步法的特点是_____。
   A. 各生产步骤不计算自制半成品成本
   B. 计算各生产步骤应计入产成品成本的数额
   C. 各生产步骤之间不结转半成品成本
   D. 汇总各生产步骤应计入产成品成本的数额确定完工产品成本

7. 逐步结转分步法的缺点是_____。
   A. 影响各生产步骤成本的管理、分析和考核
   B. 各个生产步骤不能同步计算产品成本
   C. 不利于各生产步骤的实物管理与资金管理
   D. 核算工作量大

8. 平行结转分步法的优点是_____。
   A. 简化了成本的核算工作
   B. 能反映各生产步骤自制半成品或产成品成本
   C. 各个生产步骤能同步计算产品成本
   D. 能反映各生产步骤月末在产品成本

9. 平行结转分步法的在产品成本包括_____。
   A. 本生产步骤尚未加工完成的半成品
   B. 各生产步骤尚未加工完成的在产品
   C. 尚未形成产成品的所有半成品
   D. 本生产步骤已完工入库的半成品

练 习 题

习题一 练习品种法的核算

一、资料 沪光工厂生产甲、乙两种产品有关资料如下：

1. 3月初有甲在产品200件，乙在产品400件，各成本项目的金额如图表习题5-1所示。

图表习题5-1

期初在产品各成本项目余额表

单位：元

产品名称	直接材料	直接人工	燃料及动力	制造费用	合 计
甲产品	101 400	29 796	5 920	16 090	153 206
乙产品	202 284	18 729	3 756	9 072	233 841

2. 3月份发生的生产费用如下：

(1)"材料费用分配表""工资费用分配表""其他人工费用分配表"和"外购动力分配表"的资料如图表习题5-2所示。

图表习题5-2

各种费用分配表

单位：元

项 目	材料费用分配表	工资费用分配表	其他人工费用分配表	外购动力分配表
生产甲产品	405 400	132 800	60 424	35 390
生产乙产品	252 828	100 200	45 591	28 860
修理车间	12 800	15 800	7 189	1 882
运输车间	3 150	13 200	6 006	1 120
修复甲产品	760	400	182	92
基本生产车间	10 910	112 000	5 096	2 120
销售部门	912	9 600	4 368	920
行政管理部门	1 800	26 000	11 830	1 500
合 计	688 560	309 200	140 686	71 884

(2) 折旧费用分配表和待摊费用(保险费)分配表的资料如图表习题5-3所示。

图表习题 5-3

折旧费和待摊费用分配表

单位：元

项　　目	折旧费用分配表	待摊费用(保险费)分配表
修理车间	2 560	460
运输车间	2 210	370
基本生产车间	69 600	3 000
销售部门	900	260
行政管理部门	2 760	500
合　　计	78 030	4 590

(3) 以银行存款支付的各种费用汇总的资料如图表习题5-4所示。

图表习题 5-4

以银行存款支付的各种费用汇总表

单位：元

项　　目	燃　料	办公费	差旅费	其他费用
修理车间	2 590	360		279
运输车间	7 200	480		164
基本生产车间		1 200	1 660	800
销售部门		286	1 580	222
行政管理部门	1 725	2 090	1 750	650
合　　计	11 515	4 416	4 990	2 115

3. 在辅助生产车间中，修理车间为其他车间和部门共提供修理劳务1 440小时，其中：运输车间40小时，基本生产车间1 100小时，销售部门100小时，行政管理部门200小时；运输车间为其他车间和部门共提供运输30 000吨/千米，其中：修理车间2 000吨/千米，基本生产车间15 000吨/千米，销售部门10 000吨/千米，行政管理部门3 000吨/千米。

4. 本月份生产甲产品耗用5 000工时，生产乙产品耗用3 600工时，修复甲产品耗用15工时。

5. 本月份产品投产、产品完工和月末在产品的情况如下：

(1) 甲产品本月份投产300件，月末完工750件，月末有在产品250件，原材料在开始生产加工时一次投入，在产品已完成了加工定额工时的60%。

（2）乙产品本月份投产500件,月末完工600件,单位产品原材料的定额费用为516元,定额工时为5.5小时。月末有在产品300件,单位在产品的原材料定额费用为516元,定额工时为1小时。

二、要求

1. 根据"资料1",设置"基本生产成本"明细账。

2. 根据"资料2",编制会计分录。

3. 根据"资料2"编制的会计分录登记"基本生产成本""辅助生产成本""制造费用"和"废品损失"明细账。

4. 根据"资料3"和"辅助生产成本"明细账归集的辅助生产费用,采用交互分配法编制"辅助生产费用分配表",并编制分配费用的会计分录和登记账户。

5. 根据"资料4"和"制造费用"明细账归集的制造费用,按生产工时编制"制造费用分配表",并编制分配制造费用的会计分录和登记账户。

6. 将"废品损失"明细账户归集的废品净损失结转"基本生产成本"明细账户。

7. 根据"资料5"和"基本生产成本"明细账归集的生产费用编制"产品成本计算表"。甲产品采用约当产量法,乙产品采用定额比例法,并根据计算的结果,编制产成品入库的会计分录和登记账户。

习题二 练习分批法的核算

一、**资料** 大隆工厂根据购货单位的订单进行小批生产,采用分批法计算产品成本,有关资料如下:

1. 3月1日,有65批别的甲在产品20台,其成本为110 536元,其中:直接材料78 500元,直接人工17 960元,燃料及动力5 036元,制造费用9 040元。

2. 3月31日,本月份又投产66批别的乙产品34台,67批别的丙产品18台。根据各费用分配表汇总分配后,对各批别产品的生产费用进行了账务处理,应记入各批别产品的"基本生产成本"明细账的本月生产费用合计如图表习题5-5所示。

图表习题5-5

本月各批产品生产费用合计

单位:元

批 别	直接材料	直接人工	燃料及动力	制造费用	合 计
65	34 250	41 040	11 224	22 700	109 214
66	170 612	70 168	17 472	35 056	293 308
67	75 870	27 796	7 152	14 186	125 004
合 计	280 732	139 004	35 848	71 942	527 526

3. 3月31日,本月份产品完工和月末在产品的情况如下:

(1) 上月投产的65批别的甲产品20台已全部完工。

(2) 本月份投产的66批别的乙产品34台,已完工22台,其余12台为在产品。原材料已投入100%,加工程度为50%。

(3) 本月份投产67批别的丙产品18台,已完工4台,其余14台为在产品。其完工产品的定额成本为7 995元,其中:直接材料4 215元,直接人工2 130元,燃料及动力516元,制造费用1 134元。

二、要求

1. 根据"资料1"和"资料2",设置并登记"基本生产成本"明细账。

2. 根据"资料3"及"基本生产成本"明细账的记录,甲、乙两种产品用约当产量法,丙产品用定额成本法编制"产品成本计算表"。

3. 根据"基本生产成本"明细账和"产品成本计算表"编制产成品入库的会计分录。

习题三 练习简化分批法的核算

一、资料 黄河工厂根据购货单位的订单进行小批生产,采用简化分批法计算产品成本,有关资料如下:

1. 3月1日,"基本生产成本——第一车间"二级明细账及其所属的三级明细账月初的资料如图表习题5-6所示。

图表习题5-6

第一基本生产车间二级明细账及三级明细账期初余额

金额单位:元

账 户	直接材料	生产工时	直接人工	燃料及动力	制造费用	费用合计
基本生产成本——第一车间	361 570	2 000	83 856	19 792	41 552	506 770
111批别(A产品)	180 400	1 200				
112批别(B产品)	181 170	800				

2. 3月31日,各费用分配表汇总分配后,"基本生产成本——第一车间"二级明细账各成本项目应负担的费用和生产工时及各批产品应负担的直接计入费用和生产工时如图表习题5-7所示。

图表习题 5-7

第一基本生产车间二级明细账及三级明细账本期发生额

金额单位：元

账　　户	直接材料	生产工时	直接人工	燃料及动力	制造费用	费用合计
基本生产成本——第一车间	410 320	6 400	269 952	63 872	133 504	877 648
111 批别（A 产品）		1 000				
112 批别（B 产品）		1 350				
113 批别（C 产品）	215 760	2 550				
114 批别（D 产品）	194 560	1 500				

3. 3 月 31 日，各批别产品投产和完工情况如下：

(1) 第 111 批别投产的 10 台产品已全部完工。

(2) 第 112 批别投产 9 台产品，完工 6 台，耗用 1 600 工时。

(3) 第 113 批别投产 12 台产品，完工 4 台，耗用 1 250 工时。

(4) 第 114 批别投产 11 台产品，尚无完工产品。

二、要求

1. 根据"资料 1"和"资料 2"，设置并登记"基本生产成本——第一车间"二级明细账及其所属的三级明细账。

2. 根据"资料 3"及登记的"基本生产成本"明细账，将生产费用在完工产品与月末在产品之间进行分配，并结转完工产品成本。

习题四　练习逐步结转分步法的核算

一、资料　长江工厂生产甲产品有三个生产步骤，第一生产步骤生产 A 半成品，第二生产步骤生产 B 半成品，第三生产步骤生产甲产品。A、B 半成品均由仓库负责收发。该厂原材料在第一生产步骤开始生产时一次投入，各步骤的月末在产品均按定额成本计价，有关资料如下：

1. 3 月 1 日，"基本生产成本"各明细账户的余额如图表习题 5-8 所示。

图表习题 5-8

"基本生产成本"明细账期初余额

单位：元

账户名称	自制半成品	直接材料	直接人工	燃料及动力	制造费用	合　　计
第一生产步骤		48 360.00	5 340.00	1 340.00	2 660.00	57 700.00
第二生产步骤	100 215.00		14 400.00	3 495.00	6 960.00	125 070.00
第三生产步骤	21 340.00		2 140.00	510.00	1 065.00	25 055.00

2. 3月1日，各自制半成品明细账户的余额如图表习题5-9所示。

图表习题5-9

自制半成品明细账期初余额

单位：元

账 户 名 称	数 量（件）	单 价	金 额
A自制半成品	100	334.05	33 405.00
B自制半成品	200	426.80	85 360.00

3. 3月31日，各费用分配汇总表分配后，对各生产步骤的生产费用进行了账务处理，记入"基本生产成本"各个生产步骤明细账的本月生产费用合计（自制半成品除外）如图表习题5-10所示。

图表习题5-10

"基本生产成本"明细账本月生产费用合计

单位：元

账 户 名 称	直接材料	直接人工	燃料及动力	制造费用	合 计
第一生产步骤	265 020.00	60 680.00	15 165.00	30 465.00	371 330.00
第二生产步骤		55 040.00	13 025.00	25 840.00	93 905.00
第三生产步骤		52 120.00	13 050.00	26 110.00	91 280.00

第二生产步骤从仓库领用A自制半成品1 000件，第三生产步骤从仓库领用B自制半成品1 200件，自制半成品采用先进先出法计价。

4. 各生产步骤的月初在产品的数量、本月投产的数量、本月完工半成品或产成品的数量及月末在产品的数量如图表习题5-11所示。

图表习题5-11

本月在产品数量、投产数量及完工数量

单位：件

生 产 步 骤	月初在产品数量	本月投产数量	本月完工数量	月末在产品数量
第一生产步骤	200	1 100	1 200	100
第二生产步骤	300	1 000	1 100	200
第三生产步骤	50	1 200	1 000	250

5. 各生产步骤月末在产品的单位定额成本如图表习题5-12所示。

图表习题 5-12

月末在产品单位定额成本

单位：元

生 产 步 骤	自制半成品	直接材料	直接人工	燃料及动力	制造费用	合　计
第一生产步骤		241.80	26.60	6.65	13.25	288.30
第二生产步骤	334.05		48.00	11.65	23.20	416.90
第三生产步骤	426.80		38.64	9.52	19.10	494.06

完工的自制半成品和产成品都已全部验收入库。

二、要求

1. 根据"资料 1""资料 2"，设置"基本生产成本"明细账和"自制半成品"明细账。

2. 根据"资料 3"，登记"基本生产成本"明细账。

3. 根据"资料 3""资料 4""资料 5"和"基本生产成本"明细账、"自制半成品"明细账，计算第一、第二生产步骤自制半成品成本，并据以编制自制半成品完工验收入库和领用的会计分录，登记相关的"基本生产成本"明细账和"自制半成品"明细账。

4. 根据"资料 4""资料 5"和"基本生产成本——第三生产步骤"明细账计算完工产品成本，并编制产品验收入库的会计分录。

5. 将计算的完工产品成本分别用成本还原率法和项目比重还原法编制产品成本还原计算表，进行成本还原。

习题五　练习平行结转分步法的核算

一、资料　长城工厂生产的甲产品由两件 A 部件和一件 B 部件组成。A 部件由第一车间生产，B 部件由第二车间生产，然后由装配车间负责装配，这三个车间分别为第一、第二和第三生产步骤，第一、第二和第三生产步骤的原材料均在开始生产时一次投入，有关各生产步骤的资料如下：

1. 各生产步骤月初在产品成本如图表习题 5-13 所示。

图表习题 5-13

月初在产品成本

单位：元

生 产 步 骤	直接材料	直接人工	燃料及动力	制造费用	合　计
第一生产步骤	30 784	11 447	2 886	5 720	50 837
第二生产步骤	34 785	13 912	3 478	6 946	59 121
第三生产步骤	12 710	14 142	3 536	7 058	37 446

2. 各生产步骤本月份发生的生产费用如图表习题 5-14 所示。

图表习题 5-14

本月份发生的生产费用

单位：元

生产步骤	直接材料	直接人工	燃料及动力	制造费用	合　计
第一生产步骤	159 680	78 410	19 770	39 238	297 098
第二生产步骤	106 460	53 420	13 355	28 826	202 061
第三生产步骤	27 680	44 610	11 152	22 254	105 696

3. 各生产步骤投产和完工情况如图表习题 5-15 所示。

图表习题 5-15

投产和完工情况

单位：件

半成品或产成品	月初在产品	本月投产	本月完工	月末在产品	在产品完工程度(%)
A 部件	200	1 040	1 000	240	75
B 部件	160	490	500	150	80
甲产品	220	480	500	200	70

二、要求

1. 根据"资料 1"，设置"基本生产成本"明细账户。

2. 根据"资料 2"，登记"基本生产成本"明细账户。

3. 根据"资料 3"及"基本生产成本"明细账内的资料，采用约当产量法编制 A、B 自制半成品及甲产品的"产品成本计算表"。

4. 根据"产品成本计算表"计算的结果，编制甲产成品验收入库的会计分录，并据以登记"基本生产成本"明细账。

第六章 产品成本计算的辅助方法

概 念 题

一、是非题

1. 在实际工作中,分类法要根据各类产品的工艺特点和管理上的需要,与品种法、分批法或分步法结合运用。（ ）
2. 分类法的成本计算期与会计报告期相一致。（ ）
3. 在计划期内,计划成本是不变的,而定额成本却会随着各项定额水平的变动而相应地发生变动。（ ）
4. 在实际工作中,超额领料单上的金额就是原材料脱离定额的超支数,限额领料单上的余额和退料单中的数额均为原材料脱离定额差异的节约数。（ ）
5. 材料定额费用及脱离定额差异汇总表可以代替原材料费用分配表编制会计分录。（ ）
6. 因料废而支付的计件工资以及按这部分工资计提的职工福利费不属于人工费用脱离定额差异。（ ）
7. 通常产品定额成本中不包括废品损失,因此发生废品损失应作为脱离定额成本差异处理。（ ）
8. 定额变动差异反映了生产费用的节约额或超支额。（ ）
9. 定额变动差异也可以将原定额计算的单位产品某成本项目的成本,除以新定额计算的单位产品某项成本项目的成本,求得系数,再根据系数计算月初在产品定额变动差异。（ ）
10. 定额法的缺点是核算的工作量大和适用面窄。（ ）
11. 联产品成本计算的关键是确定联合成本的分配方法。（ ）
12. 净实现价值分配法是指将联合成本按各种联产品之间的销售价格比例进行分配的方法。（ ）
13. 联产品是主要产品,是企业收入的主要来源;而副产品是非主要产品,价值较低,这是它们的主要区别。（ ）

14. 副产品可以以销售价格扣除副产品的营业税金及附加后的金额,作为副产品的成本。（　　）

15. 联产品和等级品都是使用相同的原材料,经过相同的生产过程生产出来不同品种的产品。（　　）

16. 因工作操作不慎、技术不熟练、生产管理不善而造成的等级品应按实物数量分配计算其成本。（　　）

二、单项选择题

1. 在产品品种、规格较多的企业,为了_____可以采用分类法。
   A. 分类计算产品成本　　　　B. 简化产品成本计算工作
   C. 分品种计算产品成本　　　D. 正确计算产品成本

2. 原材料脱离定额差异是指一种_____。
   A. 材料成本差异　　　　　　B. 材料价格差异
   C. 材料数量差异　　　　　　D. 定额变动差异

3. 采用确定本期投产产品数量、确定材料定额消耗量、确定材料实际消耗量和确定材料脱离定额差异程序计算原材料脱离定额差异的方法有_____。
   A. 限额法　　　　　　　　　B. 累计分配法
   C. 切割核算法　　　　　　　D. 盘存法

4. 当完工产品实际成本中定额变动差异为正数,表明企业_____。
   A. 本月实际成本超支　　　　B. 本月实际成本节约
   C. 本月消耗定额降低　　　　D. 本月消耗定额上升

5. _____的核算是运用定额法进行成本核算的关键。
   A. 定额成本　　　　　　　　B. 脱离定额差异
   C. 定额变动差异　　　　　　D. 计划成本

6. _____计算的产品成本具有一定的假定性。
   A. 分类法　　　　　　　　　B. 定额法
   C. 简化分批法　　　　　　　D. 品种法

7. _____核算工作量大。
   A. 分类法　　　　　　　　　B. 定额法
   C. 分批法　　　　　　　　　D. 品种法

8. _____适用于销售价格与产品成本关系密切,销售价格稳定,并且联产品分离后仍需继续生产加工的联合成本的分配。
   A. 净实现价值分配法　　　　B. 相对销售价值分配法
   C. 实物量分配法　　　　　　D. 系数分配法

三、多项选择题

1. 采用系数分配法分配各种产品成本的程序有_____。
   A. 确定系数　　　　　　　　　　B. 确定分配标准
   C. 确定各成本项目费用分配率　　D. 计算分配各种产成品成本

2. 分类法对同类产品内各种不同品种或规格的产品之间分配生产费用的标准采用经济价值指标的有_____。
   A. 销售成本　　B. 销售价格　　C. 计划成本　　D. 定额成本

3. 定额法的特点除了包括成本计算对象和成本计算期外,还包括_____。
   A. 以定额成本作为产品成本计算的基础
   B. 事先制定各种产品的消耗定额
   C. 对产品成本实行事中控制
   D. 对产品成本实行事后分析

4. 采用定额比例法分配各种产品成本选用的分配标准有_____。
   A. 定额原材料费用　　　　B. 定额工时
   C. 费用定额　　　　　　　D. 原材料定额消耗量

5. 采用定额法时,产品的实际成本是在计算出产品定额成本的基础上,加减_____而取得的。
   A. 脱离定额差异　　　　　B. 定额变动差异
   C. 材料成本差异　　　　　D. 产品成本差异

6. 原材料脱离定额差异的核算方法可选用_____。
   A. 限额法　　B. 累计分配法　　C. 切割核算法　　D. 盘存法

7. 采用定额法核算产品成本时,在有在产品的情况下,月初修订降低了消耗定额,将会出现_____的情况。
   A. 月初在产品定额成本调整增加　　B. 月初在产品定额成本调整减少
   C. 月初在产品定额变动差异增加　　D. 月初在产品定额变动差异减少

8. 采用定额法时,完工产品的实际成本由_____构成。
   A. 完工产品定额成本　　　　B. 完工产品脱离定额差异
   C. 完工产品定额变动差异　　D. 完工产品材料成本差异

9. 联产品成本的分配方法有_____。
   A. 系数分配法　　　　　　　B. 实物量分配法
   C. 相对销售价格分配法　　　D. 净实现价值分配法

10. 等级品的分配方法有_____。
    A. 系数分配法　　　　　　　B. 实物量分配法
    C. 相对销售价格分配法　　　D. 净实现价值分配法

练 习 题

习题一 练习分类法的核算

一、资料 新光工厂甲类产品有 A,B,C 三种产品。3 月 31 日的有关资料如下：

1. A 产品完工 1 000 件，B 产品完工 750 件，C 产品完工 600 件。甲类产品以 A 产品作为标准产品，该类产品以原材料费用定额作为原材料的分配标准，A,B,C 三种产品原材料的单位费用定额分别为 205 元、246 元和 184.50 元；加工费用以定额工时作为分配标准，A,B,C 三种产品的定额工时分别为 2.5 小时，3 小时和 2.25 小时。

2. 甲类产品成本计算表如图表习题 6-1 所示。

图表习题 6-1

产品成本计算表

金额单位：元

项 目	直接材料	定额工时（小时）	直接人工	燃料及动力	制造费用	合 计
期初在产品成本	84 000.00	500	20 375.00	5 110.00	10 180.00	119 665.00
本期生产费用	476 699.00		244 805.00	61 198.00	121 916.00	904 618.00
生产费用合计	560 699.00		265 180.00	66 308.00	132 096.00	1 024 283.00
在产品单位费用定额	210.00		40.75	10.22	20.36	—
期末在产品成本	63 000.00	600	16 300.00	4 088.00	8 144.00	91 532.00
完工产品成本	497 699.00		248 880.00	62 220.00	123 952.00	932 751.00

二、要求

1. 根据"资料 1"，确定各种产品的单位系数和总系数。

2. 根据"资料 2"和确定的系数，用系数分配法计算各种产品的总成本和单位成本。

3. 如果现决定甲类产品的原材料采用定额原材料费用作为分配标准，加工费用采用定额工时作为分配标准，根据"资料 1"和"资料 2"的有关资料，用定额比例法计算各种产品的总成本和单位成本。

习题二 练习原材料脱离定额差异的核算

一、资料 武宁工厂各基本生产车间的有关资料如下：

1. 第一基本生产车间生产 E 产品，限额领料单列明 E 产品的产量为 1 000 件。每件 E 产品 A 材料的消耗定额为 8 千克，限额领料为 8 000 千克，本月领料 6 700 千克。E 产品实际投产 900 件，该车间月初余料 500 千克，月末余料 250 千克。

2. 第二基本生产车间生产 F 产品，生产 F 产品使用的 B 材料需要切割成毛坯后才能使用。单位产品 B 材料消耗定额为 16 千克，单位回收废料定额为 0.6 千克，B 材料发料数量为 996 千克，应切割成毛坯数量 60 件。操作工方明实际切割成毛坯数量 60 件，退回余料 22 千克，废料实际回收量为 20 千克，计划单价为 1.20 元。B 材料计划单价为 21 元。

3. 第三基本生产车间生产 G 产品领用 C 材料，其单位材料消耗定额为 6 千克，计划单价为 10 元。材料在开始生产时一次投入，G 产品月初有在产品 400 件，本月完工 1 200 件，月末在产品经盘点实存 200 件。限额领料单中记录本月已领料 5 770 千克，车间月初余料为 300 千克，月末 C 材料经盘点实存 250 千克。

4. 第三基本生产车间生产 G 产品耗用的 C 材料的材料成本差异率为 -2%。

二、要求

1. 根据"资料 1"，用限额法计算原材料脱离定额差异。
2. 根据"资料 2"，用切割核算法计算原材料脱离定额差异。
3. 根据"资料 3"，用盘存法计算原材料脱离定额差异。
4. 根据"资料 3"，计算的结果及"资料 4"计算 G 产品应分配的材料成本差异。

习题三 练习加工费用脱离定额差异的核算

一、资料 开泰工厂基本生产车间 3 月份有关资料如下：

1. 投产 A 产品 1 000 件，单位产品定额工时为 2.5 小时，计划该月完成产品的约当产量为 1 100 件，计划定额生产工人的人工费用为 116 160 元。生产 A 产品实际耗用工人工时 2 700 工时，实际发生生产工人人工费用为 111 780 元。

2. 该月燃料及动力计划为 28 710 元，制造费用计划为 57 640 元，而实际发生燃料及动力为 27 594 元，制造费用为 55 512 元。

二、要求

1. 根据"资料 1"，分别计算工时效率人工费用差异、人工费用分配率差异和人工费用脱离定额差异。

2. 根据"资料2"及"资料1"有关资料,分别计算工时效率燃料及动力差异、燃料及动力分配率差异和燃料及动力脱离定额差异。

3. 根据"资料2"及"资料1"有关资料,分别计算工时效率制造费用差异、制造费用分配率差异和制造费用脱离定额差异。

习题四　练习定额法的核算

一、资料　光华工厂生产B产品,该产品原材料在开始生产时一次投入。其他有关资料如下:

1. 5月1日,有B在产品400件,其定额成本和脱离定额差异如图表习题6-2所示。

图表习题6-2

B在产品定额成本和脱离定额差异表

单位:元

项　　目	直接材料	直接人工	燃料及动力	制造费用	合　　计
定额成本	80 000.00	22 480.00	5 602.00	11 276.00	119 358.00
脱离定额差异	−2 736.00	−784.14	−374.80	−282.25	−4 177.19

由于原材料采购成本降低,B产品单位原材料定额成本由200元调整为192元,其他各成本项目的定额不变。

2. 本月投产B产品1 000件,发生定额成本和脱离定额差异如图表习题6-3所示。

图表习题6-3

本月投产B产品的定额成本和脱离定额差异表

单位:元

项　　目	直接材料	直接人工	燃料及动力	制造费用	合　　计
定额成本	192 000.00	104 140.00	26 056.00	52 100.00	274 296.00
脱离定额差异	−6 000.00	−3 736.20	−1 749.45	−1 327.50	−12 813.15

本月领用的原材料的成本差异率为−2%。

3. 本月完工B产品1 200件,单位定额成本为360.40元,其中:直接材料为192元,直接人工为96.20元,燃料及动力为24.05元,制造费用为48.15元。

二、要求

1. 根据"资料1",计算月初B在产品定额变动差异。

2. 根据"资料 1"及"要求 1"计算的结果,登记"基本生产成本——B 产品"明细账。

3. 根据"资料 2",计算 B 产品应分配的材料成本差异。

4. 根据"资料 2"及"要求 3"计算的结果,登记"基本生产成本——B 产品"明细账,并根据登记的结果,计算脱离定额差异分配率。

5. 根据"资料 3",在"基本生产成本——B 产品"明细账上计算完工产品定额成本、脱离定额差异和完工产品实际成本,并计算月末 200 件 B 在产品定额成本和脱离定额差异。

习题五　练习联产品成本的计算

一、资料　新欣工厂生产 A、B 两种联产品,5 月份有关资料如下:

1. 本月份两种产品所归集的联合成本为 557 600 元,其中:直接材料 296 000 元,直接人工 147 200 元,燃料及动力 37 600 元,制造费用 76 800 元。A 产品产量为 5 400 件、B 产品产量为 3 600 件。

2. A、B 两种联产品的单位售价分别为 88 元和 60 元。

3. A、B 两种联产品在分离后,均还需要继续加工,A、B 两种产品发生的可归属成本分别为 44 550 元和 11 450 元,加工后 A、B 两种产品的单位售价分别为 98 元和 68 元。

二、要求

1. 根据"资料 1",用实物量分配法分配 A、B 两种联产品成本。

2. 根据"资料 1""资料 2",用相对销售价格分配法分配 A、B 两种联产品成本。

3. 根据"资料 1""资料 2"和"资料 3",用净实现价值分配法分配 A、B 两种联产品成本。

习题六　练习副产品和等级品成本的计算

一、资料　大通工厂 5 月份发生下列有关的经济业务:

1. 第一基本生产车间在生产 A、B 两种联产品时,附带生产出 C 副产品。该车间本月份共发生联合成本 809 600 元,其中:直接材料 420 992 元,直接人工 218 592 元,燃料及动力 56 672 元,制造费用 113 344 元。C 副产品产量为 1 200 千克,单位售价 15 元,税金及附加 4 元,销售费用 796 元。

2. 第二基本生产车间生产 D 产品 30 000 件,其中一级品 18 000 件,二级品 9 000 件,三级品 3 000 件,D 产品共发生联合成本 472 500 元。

3. D 产品的一级品、二级品和三级品的单位售价分别为 20 元、17.50 元和

15元。

二、要求

1. 根据"资料1",以副产品的销售价格为依据,计算C副产品总成本,并按联合成本费用项目比重计算分离C副产品成本,确定主产品成本。

2. 根据"资料2",按实物数量分配计算D产品一级品、二级品和三级品的成本。

3. 根据"资料2"和"资料3",按系数分配计算D产品一级品、二级品和三级品的成本。

第七章　成本报表和成本分析

概 念 题

一、是非题

1. 成本报表是内部报表,它是企业成本信息的唯一载体。　　　　　(　　)
2. 由于成本报表与企业的生产环境、生产工艺、生产组织和经营管理的要求联系密切,因此不同企业的成本报表可以有不同的形式和内涵。　(　　)
3. 成本报表应达到资料真实可靠、数据计算正确和编制报表及时的要求。
　　　　　　　　　　　　　　　　　　　　　　　　　　　　　　(　　)
4. 影响企业产品成本的因素主要包括主观因素和客观因素,客观因素是企业成本分析的重点。　　　　　　　　　　　　　　　　　　　　　(　　)
5. 按产品品种反映的全部商品产品成本表反映的是全部产品实际成本与计划成本的差异。　　　　　　　　　　　　　　　　　　　　　　　(　　)
6. 按成本项目反映的商品产品成本表除按成本项目反映生产费用外,还需分别反映可比产品和不可比产品的生产成本情况。　　　　　　　　　(　　)
7. 当实际产量发生变动时,必然会影响到产品成本的降低额和降低率。
　　　　　　　　　　　　　　　　　　　　　　　　　　　　　　(　　)
8. 影响材料消耗量变动的因素主要有材料质量的变化、产品生产工艺改变和新技术的采用,以及原材料的综合利用。　　　　　　　　　　　　(　　)
9. 小时人工费用率的提高会使直接人工费用增加。　　　　　　　(　　)
10. 制造费用实际工时消耗量小于计划工时消耗量,将使单位产品制造费用降低。　　　　　　　　　　　　　　　　　　　　　　　　　　　(　　)

二、单项选择题

1. 成本报表编制的主要依据有报告期产品成本的账簿资料等,而下列_____不能作为编制成本报表的依据。

　　A. 以前年度的成本报表资料

　　B. 与本企业成本管理有关的统计、生产技术资料等

　　C. 本期成本计划和费用预算资料

D. 产品销售计划
2. 下列_____不是成本分析的评价标准。
   A. 历史标准　　　　　　　B. 基本标准
   C. 行业标准　　　　　　　D. 预算(计划)标准
3. 商品产品成本分析表可以显示_____成本计划的执行情况。
   A. 主要产品　　B. 可比产品　　C. 全部产品　　D. 不可比产品
4. A 产品单位产品计划工时为 1.4 小时,计划小时人工费用率为 41 元,期末单位产品实际工时为 1.25 小时,实际小时人工费用率为 44 元。计算其人工效率差异为_____元。
   A. −2.4　　　B. 6.15　　　C. −6.15　　　D. 3.75

三、多项选择题

1. 成本报表按反映的内容分类,可分为_____。
   A. 反映成本水平的报表　　　B. 反映管理水平的报表
   C. 反映费用支出情况的报表　D. 反映成本管理专题的报表
2. 成本报表按编制范围分类,可分为_____。
   A. 行业成本报表　　　　　　B. 企业成本报表
   C. 车间成本报表　　　　　　D. 班组成本报表
3. 工业企业反映成本水平的报表有_____。
   A. 制造费用明细表　　　　　B. 责任成本报表
   C. 商品产品成本表　　　　　D. 主要产品单位成本表
4. 成本分析的作用有_____。
   A. 为编制成本计划提供依据　B. 促进企业完善成本管理责任制
   C. 降低产品成本　　　　　　D. 提高企业成本管理水平
5. 对全部商品产品成本计划完成情况的分析,可以从_____等方面进行。
   A. 产品品种　　B. 成本项目　　C. 可比产品　　D. 单位成本
6. 影响可比产品成本的因素主要有_____。
   A. 产量变动　　B. 品种结构变动　C. 工时变动　　D. 单位成本变动

练 习 题

习题一　练习成本报表的编制

一、资料　天成工厂 2016 年度及该年 12 月份有关产品、产量、单位成本等资料如图表习题 7-1 所示。

图表习题 7-1

产品、产量、单位成本资料　　　　　　　　　　金额单位：元

产品名称	全年计划产量（台）	全年实际产量（台）	12月份实际产量（台）	上年实际平均单位成本	本年计划单位成本	12月份实际单位成本	本年累计实际平均单位成本
可比产品							
A产品	3 500	3 600	310	123.40	120.90	118.80	119.30
B产品	3 000	3 200	260	102.80	100.80	98.50	98.60
不可比产品							
C产品	2 000	2 200	180	—	125	125.50	126.50
D产品	1 500	1 600	140	—	120	119.60	120.80

二、要求　编制按产品品种反映的商品产品成本表。

习题二　练习对成本计划完成情况的计算与分析

一、资料　根据本章习题一编制的商品产品成本表。

二、要求　以表格及文字说明形式，按产品品种分析全部商品产品成本计划的完成情况。

习题三　练习可比产品成本降低情况的分析

一、资料　本章习题一资料及据以编制的商品产品成本表。

二、要求

1. 以表格及文字说明形式计算分析可比产品成本降低计划的完成情况。
2. 对可比产品成本降低计划的完成情况进行三因素分析。

习题四　练习对产品单位成本项目的分析

一、资料　建青工厂2016年A产品单位成本明细表如图表习题7-2所示。

图表习题 7-2

A产品单位成本明细表　　　　　　　　　　　　金额单位：元

成本项目	计划金额	实际金额
直接材料	91.00	88.64
直接人工	45.10	42.56
燃料及动力	11.66	10.64
制造费用	22.44	21.47
合　　计	170.20	163.31

（续表）

主要技术经济指标	计　　划			实　　际		
	数　量	单价	金额	数　量	单价	金额
1. 甲材料	5千克	12.20	61.00	4.8千克	12.40	59.52
2. 乙材料	3千克	10.00	30.00	2.8千克	10.40	29.12
3. 人工费用	1.1工时	41.00	45.10	0.95工时	44.80	40.56
4. 燃料及动力	1.1工时	10.60	11.66	0.95工时	11.20	10.64
5. 制造费用	1.1工时	20.40	22.44	0.95工时	22.60	21.47

二、要求 逐一分析 A 产品各成本项目变动对产品单位成本的影响。

测 试 题

测 试 题 一

题 号	一	二	三	四	五	六	七	八	总 分
得 分									

一、是非题（每小题 1 分，共 10 分）

1. 产品成本是反映和控制企业生产经营管理工作的综合性的价值指标，又是确定企业生产经营损益的基础。　　　　　　　　　　　　　　　　（　　）

2. 生产费用是指企业生产各种产品所发生的应计入产品成本的各项费用。
　　　　　　　　　　　　　　　　　　　　　　　　　　　　　　（　　）

3. 材料领退的凭证主要有领料单、限额领料单和退料单等。　　　（　　）

4. 企业只有在正确核算在产品数量的前提下，才能正确确定在产品原材料费用和加工费用的约当产量。　　　　　　　　　　　　　　　　　　（　　）

5. 简化分批法对间接计入生产费用，可以采用累计分配法在各批产品之间进行分配。　　　　　　　　　　　　　　　　　　　　　　　　　　　（　　）

6. 平行结转分步法适用于具有多步骤工艺过程的大量、大批生产组织特点的，在管理上不要求计算半成品成本的企业。　　　　　　　　　　　（　　）

7. 因工作操作不慎、技术不熟练、生产管理不善而造成的等级品应按实物数量分配计算其成本。　　　　　　　　　　　　　　　　　　　　　（　　）

8. 定额变动差异反映了生产费用的节约额或超支额。　　　　　　（　　）

9. 成本报表应达到资料真实可靠、数据计算正确和编制报表及时的要求。
　　　　　　　　　　　　　　　　　　　　　　　　　　　　　　（　　）

10. 当实际产量发生变动时，必然会影响到产品成本的降低额和降低率。
　　　　　　　　　　　　　　　　　　　　　　　　　　　　　　（　　）

二、单项选择题（每小题 2 分，共 12 分）

1. ＿＿＿＿＿＿可以防止出现多计成本、费用或少计成本、费用的现象。

　　A. 划清生产费用与期间费用的界限

　　B. 划清完工产品与在产品的费用界限

C. 划清各个会计期间的费用的界限
D. 划清收益性支出与资本性支出及营业外支出的界限

2. _____适用于销售价格与产品成本关系密切,销售价格稳定,并且联产品分离后仍需继续生产加工的联合成本的分配。
    A. 系数分配法   B. 净实现价值分配法
    C. 相对销售价值分配法   D. 实物量分配法

3. _____是适用性广泛的分配方法。
    A. 约当产量法   B. 按定额成本计算在产品成本法
    C. 定额比例法   D. 按固定成本计算在产品成本法

4. 经检验部门鉴定不需要返修而可以降价出售的不合格品,其售价低于合格品售价所发生的损失,应_____。
    A. 列入"废品损失"账户   B. 体现在产品销售损益内
    C. 列入"销售费用"账户   D. 列入"营业外支出"账户

5. 采用_____在核算产品成本时必须设置基本生产成本二级明细账。
    A. 平行结转法 B. 逐步结转法 C. 分批法 D. 简化分批法

6. 商品产品成本分析表可以显示_____成本计划的执行情况。
    A. 主要产品   B. 可比产品   C. 全部产品 D. 不可比产品

三、多项选择题(每小题 2 分,共 12 分)

1. 设置成本会计机构应与企业_____相适应。
    A. 自身规模的大小   B. 成本会计人员的强弱
    C. 管理上的要求   D. 生产经营业务的繁简

2. 在实际工作中,企业应根据_____和成本管理的要求确定成本计算方法。
    A. 产品生产的类型   B. 生产工艺的需要
    C. 生产的规模   D. 生产组织的特点

3. 品种法的特点主要表现在_____等方面。
    A. 生产费用的归集   B. 生产费用的分配
    C. 成本计算对象   D. 成本计算期

4. 采用系数分配法分配各种产品成本的程序有_____。
    A. 确定系数   B. 确定各成本项目的费用分配率
    C. 确定分配标准   D. 计算分配各种产成品成本

5. 企业归集的基本生产车间生产工人的工资费用中,属于间接计入工资费用的有_____。
    A. 计时工资   B. 津贴和补贴
    C. 奖金   D. 特殊情况下支付的工资

6. 工业企业反映成本水平的报表有_____。
   A. 商品产品成本表　　　　　　B. 制造费用明细表
   C. 责任成本报表　　　　　　　D. 主要产品单位成本表

四、分录题（每小题2分，共22分）

1. 基本生产车间生产A，B两种产品，A产品直接耗用原材料计划成本为160 000元，B产品直接耗用原材料计划成本为152 300元，两种产品还共同耗用G材料4 950千克，每千克30元，计148 500元。现共生产A产品2 000件，单位消耗定额为2千克；生产B产品1 000件，单位消耗定额为1千克。基本生产车间耗用原材料计划成本为10 000元，修理车间耗用原材料计划成本20 400元，行政管理部门耗用原材料计划成本3 000元，予以转账。

2. 上项业务耗用材料的成本差异率为－1％，调整支出原材料的差异额。

3. 生产A产品领用包装产品用木箱一批，计划成本为12 000元，材料成本差异率为1％。

4. 基本生产车间发生计件工资332 000元，其中：用于A产品80 000元，用于B产品60 000元，发生生产工人间接计入工资费用108 000元，按该车间生产产品的实际工时分配，A产品耗用3 000工时，B产品耗用2 000工时，基本生产车间发生管理人员工资费用15 000元，修理车间发生工资费用18 000元，销售部门发生工资费用16 000元，行政管理部门发生工资费用35 000元，分配本月份各类人员工资。

5. 根据计量仪表记录本月份共耗用外购动力106 000度。其中：基本生产车间生产A，B两种产品，动力用电90 600度，照明用电3 000度，修理车间用电6 000度，销售部门用电1 800度，行政管理部门用电4 600度，电费每度为0.50元。对直接用于产品的外购动力采用生产工时比例标准进行分配。（生产工时见上题）

6. 计提本月份固定资产折旧费用73 700元，其中：基本生产车间为66 000元，修理车间为3 500元，销售部门为1 200元，行政管理部门为3 000元。

7. 本月份基本生产车间领用工具一批，计划成本3 000元，修理车间领用工具一批，计划成本600元，材料成本差异率为－1％，均采用一次摊销法。

8. 基本生产车间本月份发生制造费用总额156 000元，按生产工人工时比例法进行分配。

9. 已投产的C产品1 000件，全部加工完毕验收时，合格品为990件，不可修复废品为10件，生产A产品耗用直接材料为180 000元，直接人工为92 000元，燃料及动力为22 000元，制造费用为45 000元，结转不可修复废品损失。

10. 仓库将10件C产品的废品残料入库，每件计价40元，并将废品净损失转入A产品成本。

11. 结转完工 990 件 C 产品成本。

五、核算题(每小题 8 分,共 16 分)

1. 某厂发电车间和修理车间发生的辅助生产费用分别为 37 080 元和 47 580 元,向各受益对象提供产品和劳务的资料如图表测试题 1-1 所示。据以用交互分配法编制辅助生产费用分配表如图表测试题 1-2 所示,并编制相应的会计分录。

图表测试题 1-1

辅助生产车间的产品与劳务耗用汇总表

受 益 对 象	供 电 度 数(度)	修 理 工 时 数(工时)
发电车间	—	60
修理车间	1 800	—
A 产品	28 000	—
B 产品	22 000	—
基本生产车间	6 000	1 450
行政管理部门	4 000	50
合　　　计	61 800	1 560

图表测试题 1-2

辅助生产费用分配表

项　　目	发 电 车 间			修 理 车 间			合　计
	数量(度)	单位成本(分配率)	分配金额(元)	数量(工时)	单位成本(分配率)	分配金额(元)	
待分配辅助生产费用							
交互分配　发电车间 　　　　　修理车间							
对外分配辅助生产费用							
对外分配　A 产品 　　　　　B 产品 　　　　　基本生产车间 　　　　　行政管理部门							

会计分录:

2. 江浦工厂生产 B 产品,3 月 1 日期初在产品成本和本月份发生的生产费用已列入产品成本计算表内。B 产品本月完工 300 件,单位产品的原材料定额费用为 648 元,定额工时为 10 小时,月末在产品 100 件;单位在产品原材料定额费用为 648 元,定额工时为 8 小时。分别计算完工产品与月末在产品的原材料定额成本和定额工时,并用定额比例法编制产品成本计算表(见图表测试题 1-3)和产品入库的会计分录。

算式:

图表测试题 1-3

产品成本计算表

产品名称:B 产品　　　　　年　月　日

产量:
金额单位:元

成本项目	月初在产品成本	本月生产费用	生产费用合计	费用分配率	完工产品成本		月末在产品成本	
					定额	实际成本	定额	实际成本
直接材料	51 840.00	204 768.00						
直接人工	17 710.00	100 850.00						
燃料及动力	3 688.00	24 660.00						
制造费用	9 865.00	47 705.00						
合　计	83 103.00	377 983.00						

会计分录:

六、计算题(每小题 4 分,共 8 分)

1. 开端工厂生产 P 产品有三道工序,第一、第二和第三道工序单位产品工时定额分别为 6 小时、8 小时和 6 小时;月末在产品的数量分别为 150 件、180 件和 160 件;完工率分别为 40%、25% 和 50%。计算月末在产品加工费用的约当产量。

2. 沪光工厂生产 G 产品领用甲材料,其单位材料消耗定额为 5 千克,计划单价为 16 元,材料在开始生产时一次投入。G 产品月初有在产品 300 件,本月完工 1 500 件,月末在产品经盘点实存 400 件。限额领料单中记录本月已领料 8 800 千克,车间月初余料为 250 千克。月末甲材料经盘点,实存 290 千克,计算材料脱离定额差异。

七、计算分析题(6 分)

分析图表测试题 1-4 中 C 产品单位成本直接材料和直接人工各成本项目变动对产品单位成本的影响。

图表测试题 1-4

C 产品单位成本明细表

金额单位:元

成 本 项 目	计 划 金 额	实 际 金 额
直接材料	164.80	160.80
直接人工	54.00	49.92

主要技术经济指标	计 划			实 际		
	数 量	单 价	金 额	数 量	单 价	金 额
p 材料	8 千克	16.00	128.00	7.5 千克	16.40	123.00
q 材料	4 千克	9.20	36.80	4.2 千克	9.00	37.80
人工费用	1.8 工时	30.00	54.00	1.6 工时	31.20	49.92

八、综合题(第 1 小题 10 分,第 2 小题 4 分,共 14 分)

1. 用逐步结转分步法计算并结转各生产步骤完工产品成本。

新江工厂生产 A 产品分两个生产步骤顺序加工完成。成本计算采用逐步结转法。第一生产步骤生产 E 半成品,第二生产步骤生产 A 产成品。半成品从上一生产步骤完工验收合格后,全部转入下一生产步骤继续加工。该厂原材料在第一生产步骤开始生产时一次性投入,各步骤的月末在产品按定额成本计价计算法计算。

本月各生产步骤产品投产和完工情况如图表测试题 1-5 所示。

图表测试题 1-5

各生产步骤产品投产和完工情况表

单位：件

生 产 步 骤	月初在产品数量	本月投产数量	本月完工数量	月末在产品数量
第一生产步骤	200	1 100	1 200	100
第二生产步骤	100	1 200	1 100	200

各生产步骤月末在产品的单位定额成本如图表测试题 1-6 所示。

图表测试题 1-6

各生产步骤月末在产品单位定额成本表

单位：元

生产步骤	自制半成品	直接材料	直接人工	燃料及动力	制造费用	合 计
第一生产步骤		120.40	23.00	8.40	13.20	165.00
第二生产步骤	169.94		16.20	5.10	9.60	200.84

"基本生产成本"明细账如图表测试题 1-7、图表测试题 1-8 所示。

图表测试题 1-7

"基本生产成本"明细账

半成品名称：E 半成品

生产步骤：第一步骤

单位：元

2018 年		摘　　要	直接材料	直接人工	燃料及动力	制造费用	合　计
月	日						
3	1	月初在产品成本	24 080	4 600	1 680	2 640	33 000
	31	本月生产费用合计	131 960	29 380	9 960	15 960	187 260

会计分录：

图表测试题 1-8

"基本生产成本"明细账

生产步骤：第二步骤　　　　　　　　　　　　　　　产成品名称：A 产品

单位：元

2018年		摘　要	自 制 半成品	直接人工	燃料及动力	制造费用	合　计
月	日						
3	1	月初在产品成本	16 994	2 160	680	1 280	21 114
	31	本月生产费用合计		34 488	13 180	24 304	

会计分录：

2. 根据计算的结果进行成本还原。产品成本还原计算表如图表测试题 1-9 所示。

图表测试题 1-9

产品成本还原计算表

产品名称：A 产品　　　　　　　　　　　　　　　　　　　　　　　　单位：元

项　　目	E半成品	直接材料	直接人工	燃料及动力	制造费用	合计
还原前产品成本						
本月第一生产步骤完工半成品成本						
成本还原						
还原后产成品总成本						
还原后产成品单位成本						

成本还原率＝

测试题二

题 号	一	二	三	四	五	六	七	八	总 分
得 分									

一、是非题(每小题 1 分,共 10 分)

1. 企业内部的成本会计制度应以我国的《会计法》为依据,并结合企业生产经营特点和成本管理的具体要求制定。( )

2. 产品生产和产出的原始记录及凭证有工作通知单、工序进程单、废品通知单、产成品入库单等。( )

3. 固定资产折旧费按其使用车间或部门及用途,分配后记入"基本生产成本"、"辅助生产成本"、"销售费用"和"管理费用"等账户。( )

4. 制造费用中的"人工费用"明细项目是指支付给各个生产车间的管理人员的各种形式的报酬。( )

5. 无论采用什么分配方法,通常总是先计算出月末在产品成本,然后再计算完工产品成本。( )

6. 按定额成本计算在产品成本法和定额比例法,虽然在计算的方法上有所不同,但是其结果都是有利于对生产费用的控制。( )

7. 分批法的成本计算期就是产品的生产周期,它与会计报告期是不一致的。( )

8. 成本还原的目的是将产成品的综合成本分解为原始成本构成的产成品成本。( )

9. 联产品和等级品都是使用相同的原材料,经过相同的生产过程生产出来不同品种的产品。( )

10. 在计划期内,计划成本是不变的,而定额成本却会随着各项定额水平的变动而相应地发生变动。( )

二、单项选择题(每小题 2 分,共 12 分)

1. 成本会计的首要任务是_____。

    A. 严格审核和控制费用支出、降低产品成本

    B. 为制定产品价格提供依据

C. 正确计算产品成本,及时提供成本信息
D. 开展成本分析与考核,提高成本管理水平

2. 按_____分配直接材料费用,可以考核材料消耗定额的执行情况,便于分析材料耗费差异对成本的影响,有利于加强对材料消耗定额的管理。
　　A. 定额成本比例　　　　　　　B. 定额消耗量比例
　　C. 产量比例　　　　　　　　　D. 重量比例

3. 对于因车间管理不善而造成在产品盘亏或毁损,作为企业损失的部分应列入_____账户。
　　A. 制造费用　　　　　　　　　B. 管理费用
　　C. 待处理财产损溢　　　　　　D. 营业外支出

4. 在产品品种、规格较多的企业,为了_____,可以采用分类法。
　　A. 分类计算产品成本　　　　　B. 正确计算产品成本
　　C. 分品种计算产品成本　　　　D. 简化产品成本的计算工作

5. 分批法适用于_____。
　　A. 多步骤工艺过程的单件、小批生产组织特点的企业
　　B. 多步骤工艺过程的大量、大批生产组织特点的企业
　　C. 单步骤工艺过程的大量、大批生产组织特点的小型企业
　　D. 单步骤工艺过程的大量、大批生产组织特点的企业

6. 广义的在产品不包括_____。
　　A. 正在返修的废品
　　B. 等待返修的废品
　　C. 已经验收入库的、准备对外销售的半成品
　　D. 已经验收入库的、尚需继续加工的半成品

三、多项选择题(每小题2分,共12分)

1. 产品的价值由_____组成。
　　A. 生产经营过程中耗费的生产资料价值
　　B. 产品的成本和利润
　　C. 劳动者为自己劳动所创造的价值
　　D. 劳动者为社会劳动所创造的价值

2. 成本核算的要求有_____。
　　A. 做好成本核算的基础工作
　　B. 建立企业内部的结算制度和结算价格
　　C. 选用合适的成本计算方法
　　D. 划清各种费用的界限

3. 产品成本计算方法的内容有_____、设置成本明细账和成本项目及确定产品总成本和单位成本。

    A. 确定成本计算期   B. 确定成本计算对象

    C. 归集生产费用   D. 结转生产费用

4. 简化分批法在月末_____。

    A. 在完工产品与在产品之间分配生产费用

    B. 只对完工产品分配间接计入费用

    C. 只计算完工产品成本

    D. 不分批计算在产品成本

5. 采用定额法核算产品成本时,在有在产品的情况下,月初修订降低了消耗定额,将会出现_____的情况。

    A. 月初在产品定额成本调整增加

    B. 月初在产品定额成本调整减少

    C. 月初在产品定额变动差异减少

    D. 月初在产品定额变动差异增加

6. 材料费用的分配标准有重量比例、_____。

    A. 定额消耗量比例   B. 产量比例

    C. 实际消耗量比例   D. 定额成本比例

四、分录题(每小题2分,共20分)

1. 基本生产车间生产甲、乙两种产品,甲产品直接耗用原材料计划成本为210 000元,乙产品直接耗用原材料计划成本为144 000元,两种产品还共同耗用P材料4 000千克,每千克30元,计120 000元。现共生产甲产品1 500件,单位消耗定额为1千克;生产乙产品1 250件,单位消耗定额为2千克,基本生产车间耗用原材料计划成本为12 000元,修理车间耗用原材料计划成本22 000元,行政管理部门耗用原材料计划成本3 000元,予以转账。

2. 上项业务耗用材料的成本差异率为2%,调整发出原材料的差异额。

3. 基本生产车间发生计件工资354 800元,其中:用于甲产品79 000元,用于乙产品71 000元;发生生产工人间接计入工资费用118 800元,按该车间生产产品的实际工时分配,甲产品耗用3 000工时,乙产品耗用2 400工时;基本生产车间发生管理人员工资费用16 000元。修理车间发生工资费用19 000元。销售部门发生工资费用15 000元。行政管理部门发生工资费用36 000元。分配本月份各类人员工资。

4. 根据计量仪表记录,本月份共耗用外购动力116 000度,其中:基本生产车间生产甲、乙两种产品,动力用电101 000度,照明用电3 200度;修理车间用电6 600

度;销售部门用电 1 900 度;行政管理部门用电 3 300 度。电费每度 0.54 元。对于直接用于产品的外购动力采用生产工时比例标准进行分配。(生产工时见上题)

5. 本月份基本生产车间领用专用工具 1 套,计划成本 3 800 元,采用五五摊销法摊销。其材料成本差异率为 -1%。

6. 摊销本月份负担的财产保险费 4 800 元,其中:基本生产车间 3 600 元,修理车间 400 元,销售部门 300 元,行政管理部门 500 元。

7. 基本生产车间本月份发生制造费用总额 168 750 元,按生产工人工时比例法进行分配。

8. 月末各种费用分配表列明丙产品的修复费用为 4 170 元,其中:原材料 1 800 元,人工费用 1 400 元,外购动力 320 元,制造费用 650 元,予以入账。

9. 可修复丙产品由责任人负责赔偿损失的 20%

10. 将可修复废品净损失转入丙产品成本。

五、核算题(10 分)

星海工厂发电车间和修理车间发生的辅助生产费用和向各受益对象提供产品和劳务的资料已列入下列辅助生产费用分配表中。发电车间和修理车间提供产品或劳务的计划单位成本分别为 0.60 元和 31.50 元,据以用计划成本分配法编制辅助生产费用分配表如图表测试题 2-1 所示。列出成本差异的算式并编制相应的会计分录。

图表测试题 2-1

辅助生产费用分配表

年　　月　　日　　　　　　　　　　　　　　金额单位:元

项　目		计划成本分配			调整分配			合计
		发电车间	修理车间	小计	发电车间	修理车间	小计	
待分配辅助生产费用		34 610.00	48 840.00	83 450.00				
产品或劳务供应量		65 000	1 560					
计量标准		度	工时					
单位成本(分配率)								
发电车间	耗用数量		60					
	分配金额							
修理车间	耗用数量	2 500						
	分配金额							

(续表)

项目		计划成本分配			调整分配			合计
		发电车间	修理车间	小计	发电车间	修理车间	小计	
A产品	耗用数量	30 000						
	分配金额							
B产品	耗用数量	26 000						
	分配金额							
基本生产车间	耗用数量	3 000	1 460					
	分配金额							
行政管理部门	耗用数量	3 500	40					
	分配金额							
合 计								

发电车间实际成本＝

修理车间实际成本＝

发电车间的成本差异＝

修理车间的成本差异＝

会计分录：

六、计算题（每小题 4 分，共 8 分）

1. 计算人工费用脱离定额差异。

东海工厂投产 B 产品 1 000 件，单位产品定额工时为 6 小时，计划该月完成产品的约当产量为 900 件，计划定额生产工人的人工费用为 173 880 元，生产 B 产品实际耗用生产工人工时 5 220 小时，实际发生生产工人人工费用为 171 216 元，计算人工费用脱离定额差异。

2. 用相对销售价格分配法计算联产品成本和单位成本。

联产品成本计算表如图表测试题 2-2 所示。

图表测试题 2-2

联产品成本计算表

金额单位：元

项 目	产量（千克）	单位售价	销售价格	分配比例
联合成本	12 000			
甲产品	7 500	39.00		
乙产品	4 500	35.00		

| 项 目 | 应 负 担 成 本 | | | | | 单位成本 |
	直接材料	直接人工	燃料及动力	制造费用	合 计	
联合成本	198 000.00	102 000.00	18 000.00	42 000.00	360 000.00	
甲产品						
乙产品						

七、计算分析题（每小题 6 分，共 12 分）

1. 用数字和文字分析下表中可比产品成本降低计划的完成情况。

图表测试题 2-3

产品、产量、单位成本资料

可比产品名 称	全年计划产量（台）	全年实际产量（台）	上年实际平均单位成本（元）	本年计划单位成本（元）	本年实际单位成本（元）
甲	1 000	1 100	515	500	492
乙	600	560	408	400	402

2. 对上题可比产品降低计划的完成情况进行三因素分析。

八、综合题（第 1 小题 12 分，第 2 小题 4 分，共 16 分）

1. 用平行结转法计算各生产步骤完工产品与月末在产品成本。

新光工厂 3 月份生产 A 产品，该产品是由 2 件 P 部件和 1 件 Q 部件装配制成的。该厂有三个车间，第一车间生产 P 部件；第二车间生产 Q 部件；第三车间负责装配。这三个车间分别为第一、第二、第三生产步骤。这三个生产步骤的原材料均在开始生产时一次投入，月末在产品按约当产量法计算。

本月各生产步骤产品投产和完工情况如图表测试题 2-4 所示。

图表测试题 2-4

本月各生产步骤产品投产和完工情况表

计量单位：件

半成品或 产 成 品	月初在产品	本月投产	本月完工	月末在产品	在产品完 工程度(%)
P 部件	200	900	800	300	60
Q 部件	150	450	400	200	50
A 产品	250	300	400	150	80

各生产步骤按明细账归集的 3 月份生产费用已列入下列各种产品的产品成本计算表内（见图表测试题 2-5 至图表测试题 2-7）。

图表测试题 2-5

产品成本计算表

产品名称：P 部件　　　　　　　年　月　日

产量：
金额单位：元

成本项目	月初在产品成本	本月生产费用	生产费用合计	生产费用分配率	计入完工产品部分		月末在产品部分	
					数量(件)	金　额	数量(件)	金　额
直接材料	15 280	68 540	83 820					
直接人工	4 500	32 348	36 848					
燃料及动力	1 284	9 300	10 584					
制造费用	2 452	17 540	19 992					
合　　计	23 516	127 728	151 244					

图表测试题 2-6

产品成本计算表

产品名称：Q 部件　　　　　　　年　月　日

产量：
金额单位：元

成本项目	月初在产品成本	本月生产费用	生产费用合计	生产费用分配率	计入完工产品部分		月末在产品部分	
					数量(件)	金　额	数量(件)	金　额
直接材料	29 490	88 470	117 960					
直接人工	6 640	37 560	44 200					
燃料及动力	1 920	10 880	12 800					
制造费用	3 800	21 400	25 200					
合　　计	41 850	158 310	200 160					

图表测试题 2-7

产品成本计算表

产品名称：A产品　　　　　年　月　日　　　　　　产量：
　　　　　　　　　　　　　　　　　　　　　　　金额单位：元

成本项目	月初在产品成本	本月生产费用	生产费用合计	生产费用分配率	计入完工产品部分 数量(件)	计入完工产品部分 金额	月末在产品部分 数量(件)	月末在产品部分 金额
直接材料	4 160	5 850	10 010					
直接人工	8 580	13 804	22 384					
燃料及动力	2 265	3 663	5 928					
制造费用	4 545	7 337	11 882					
合　计	19 550	30 654	50 204					

2. 根据上题计算结果，编制产成品成本汇总计算表如图表测试题 2-8 所示，并结转完工产成品成本。

图表测试题 2-8

产成品成本汇总计算表

产品名称：　　　　　　　年　月　日　　　　　　产量：
　　　　　　　　　　　　　　　　　　　　　　　单位：元

项目	直接材料	直接人工	燃料及动力	制造费用	合　计

会计分录：

测试题 三

题 号	一	二	三	四	五	六	七	八	总 分
得 分									

一、是非题(每小题1分,共10分)

1. 成本会计工作的组织主要包括设置成本会计机构、配备成本会计人员和制定成本会计制度等内容。（　　）

2. 根据管理的需要,可以以计划成本作为内部结算价格,也可以以实际成本作为内部结算价格。（　　）

3. 考勤记录能为企业计算计时工资、加班加点工资和中夜班津贴提供依据。（　　）

4. 采用按定额成本计算在产品成本法时,定额成本与实际成本的差异分别由完工产品和月末在产品负担。（　　）

5. 采用平行结转分步法,月末各生产步骤归集的生产费用应在完工产品与狭义的在产品之间进行分配。（　　）

6. 逐步结转分步法由于只能采用实际成本计价,因此后一生产步骤自制半成品成本必须等前一生产步骤计算出自制半成品成本以后才能进行。（　　）

7. 通常产品定额成本中不包括废品损失,因此发生的废品损失应作为脱离定额成本差异处理。（　　）

8. 因料废而支付的计件工资以及按这部分工资计提的职工福利费不属于人工费用脱离定额差异。（　　）

9. 由于成本报表与企业的生产环境、生产工艺、生产组织形式和经营管理的要求联系密切,因此不同企业的成本报表可以有不同的形式和内涵。（　　）

10. 可修复废品是指在技术上是能够修复的废品。（　　）

二、单项选择题(每小题2分,共12分)

1. 购建固定资产而发生的资本性支出,不能直接计入产品成本是遵循_____原则。

　　A. 实际成本　　B. 合法性　　C. 成本分期　　D. 效益性

2. _____适用于辅助生产车间之间相互提供劳务较多,而提供数量却不平衡的企业。
A. 直接分配法　　　　　　B. 工时比例分配法
C. 计划成本分配法　　　　D. 交互分配法

3. ＿＿＿＿＿核算工作量大。
A. 分类法　　B. 品种法　　C. 定额法　　D. 分批法

4. 成本还原的对象是＿＿＿＿＿。
A. 各生产步骤领用的自制半成品
B. 各生产步骤完工产品所耗上一步骤自制半成品成本
C. 最后步骤产成品成本
D. 各生产步骤半成品成本

5. 品种法、分批法和分步法最主要的是＿＿＿＿＿不同。
A. 生产工艺过程的特点　　　B. 核算的繁简程度
C. 成本计算对象　　　　　　D. 核算产品成本的时间

6. 成本报表编制的主要依据有报告期产品成本的账簿资料等,而＿＿＿＿＿不能作为编制成本报表的依据。
A. 以前年度的成本报表资料
B. 与本企业与成本管理有关的统计、生产技术资料等
C. 本期成本计划和费用预算资料
D. 产品销售计划

三、多项选择题(每小题 2 分,共 12 分)

1. 产品成本具体的作用主要表现在它是综合反映企业生产技术和经营管理水平的重要指标、＿＿＿＿＿。
A. 是补偿生产耗费的尺度
B. 是企业产品进入国际市场及反倾销调查的重要指标
C. 是制定产品价格的重要依据
D. 是企业进行经营决策的重要依据

2. 辅助生产费用根据辅助生产车间服务对象的不同,可能成为企业的＿＿＿＿＿。
A. 产品成本的组成部分　　　B. 期间费用
C. 营业外支出　　　　　　　D. 销售成本

3. 定额比例法适用于＿＿＿＿＿的企业。
A. 定额管理基础好
B. 月末在产品数量变动不大
C. 月末在产品数量变动较大

D. 产品各项消耗定额及费用定额比较准确和稳定

4. 逐步结转分步法除了第一生产步骤外,其他生产步骤生产的自制半成品或产成品成本中,只能反映_____。

    A. 本步骤所耗费用原材料费用

    B. 本步骤所耗费的加工费用

    C. 前一生产步骤转入的原材料和加工费用

    D. 前一生产步骤转入的自制半成品成本

5. 采用定额法时,产品的实际成本是在计算出产品定额成本的基础上,加减_____而取得的。

    A. 脱离定额差异   B. 定额变动差异

    C. 材料成本差异   D. 产品成本差异

6. 影响可比产品成本的因素主要有_____。

    A. 工时变动   B. 单位成本变动   C. 产量变动   D. 品种结构变动

四、分录题(每小题2分,共18分)

1. 基本生产车间生产 A 产品直接耗用原材料 180 000 元,生产 B 产品直接耗用原材料 160 000 元,A、B 两种产品还共同耗用原材料 198 000 元,A 产品定额消耗量为 6 000 千克,B 产品定额消耗量为 3 000 千克。发电车间耗用原材料 15 000 元。基本生产车间耗用原材料 12 000 元,行政管理部门耗用原材料 3 000 元,予以转账。

2. 基本生产车间发生生产工人间接计入工资费用 267 120 元;按该车间生产产品的实际工时分配,A 产品耗用 4 800 工时,B 产品耗用 3 600 工时。基本生产车间发生管理人员工资费用 17 200 元,发电车间发生工资费用 16 000 元,销售部门发生工资费用 15 400 元,行政管理部门发生工资费用 35 800 元,分配本月份各类人员工资。

3. 基本生产车间包装 A 产品领用木箱 100 只,每只 30 元;销售部门领用随货销售不单独计价的蛇皮袋 200 只,每只 1.50 元,予以转账。

4. 计提本月份固定资产折旧费 76 800 元,其中:基本生产车间为 68 600 元,发电车间 5 000 元,销售部门 1 000 元,行政管理部门 3 200 元。

5. 基本生产车间领用工具一批,金额 1 200 元,发电车间领用工具一批,金额 500 元,销售部门领用用具一批,金额 300 元,均采用一次摊销法进行摊销。

6. 摊销应由本月份基本生产车间负担的机器设备租赁费 2 600 元。

7. 以转账支票支付委托外单位设计图纸费 5 950 元。

8. 本月份发电车间共发生辅助生产费用 42 480 元,该车间本月份共发电 70 800 度,其中:基本生产车间生产 A、B 两种产品,动力用电 63 000 度,照明用电

2 400 度;销售部门用电 1 800 度;行政管理部门用电 3 600 度。对直接用于产品的动力电采用生产工时比例标准进行分配,生产 A 产品耗用 4 800 工时,生产 B 产品耗用 3 600 工时。

9. 基本生产车间本月份发生制造费用总额 141 960 元,按生产工人工时比例进行分配。

五、核算题(14 分)

光华工厂将品种相似的 A,B,C 三种产品归为甲类产品。3 月 31 日,A,B,C 三种产品的完工数量如图表测试题 3-1 所示。甲类完工产品总成本如图表测试题 3-2 所示。甲类产品以 A 产品作为标准产品,该类产品的原材料费用定额作为原材料的分配标准,A,B,C 三种产品原材料的单位费用定额分别为 88.25 元,101.50 元和 83.85 元;加工费用以定额工时作为分配标准,A,B,C 三种产品的定额工时分别为 2.5 小时、3 小时和 2.25 小时。在确定各种产品单位系数和总系数的基础上,用系数分配法计算各种产品的总成本和单位成本。

1. 确定各种产品的单位系数和总系数(见图表测试题 3-1)。

图表测试题 3-1

产品系数计算表

产品类别:甲类　　　　　　2018 年 3 月 31 日

产品	产量(件)	原材料费用		加工费用	
		单位系数	总系数	单位系数	总系数
A 产品	1 000				
B 产品	800				
C 产品	600				
合　计	—				

2. 用系数分配法计算各种产品的总成本和单位成本(见图表测试题 3-3)。

图表测试题 3-2

产品各项费用分配率计算表

金额单位:元

项　目	直接材料	直接人工	燃料及动力	制造费用
产品总成本 产品总系数 费用分配率	219 120.00	124 000.00	13 750.00	56 000.00

图表测试题 3-3

各种产品成本计算表

产品类别：A类　　　　　　　　　　2018年3月31日　　　　　　　　　　金额单位：元

项目	产量（件）	分配标准		完工产品总成本					单位成本
		原材料费用总系数	加工费用总系数	直接材料	直接工人	燃料及动力	制造费用	合计	
费用分配率									
A产品									
B产品									
C产品									
合　计									

六、计算题（第1、第2小题4分，第3小题6分，共14分）

1. 计算制造费用脱离定额差异。

大隆工厂投产A产品2 000件，单位产品定额工时为4小时，计划该月完成产品的约当产量为1 600件，计划制造费用99 200元；生产A产品实际耗用生产工人工时6 050小时，实际发生制造费用95 953元。计算制造费用脱离定额差异。

2. 计算月初在产品原定额成本和定额变动差异。

大隆工厂决定从本月份起修订B产品原材料消耗定额，单位产品原材料原定额成本为300元，修订后调整为285元。月初B产品有250件在产品，计算期初原在产品定额成本和定额变动差异。

3. 用净实现价值分配法计算联产品成本和单位成本。

天化工厂在A,B两种联产品分离后还需要继续加工，A、B两种产品的联合成本、产量、单位售价和可归属成本如图表测试题3-4所示，计算A,B两种产品的成本和单位成本。

图表测试题 3-4

联产品成本计算表　　　　　　　　　　金额单位：元

项目	产量（千克）	单位售价	销售价格	可归属成本	净实现价值	分配比例
联合成本	13 500	—		35 000		
A产品	7 500	30		15 000		
B产品	6 000	40		20 000		

项目	应负担成本					全部成本	单位成本
	直接材料	直接人工	燃料及动力	制造费用	合计		
联合成本	193 000	99 400	26 800	50 800	370 000		
A产品 B产品							

七、计算分析题(8分)

对图表测试题 3-5 中的数据用数字和文字按成本项目进行成本计划完成情况分析。

图表测试题 3-5

商品产品成本分析表(按成本项目)

编制单位：大平工厂　　　　　　　　　　　　　　　　　　　　金额单位：元

成本项目	本年实际产量总成本		实 际 比 计 划		各项差异对总成本影响的百分比(%)
	实际总成本	计划总成本	降 低 额	降低率(%)	
直接材料	649 520	660 000			
直接工人	322 980	320 000			
燃料及动力	95 540	96 000			
制造费用	178 270	180 000			
商品产品成本	1 246 310	1 256 000			

文字分析：

八、综合题(第 1 小题 8 分,第 2 小题 4 分,共 12 分)

1. 编制产品成本计算表及结转完工产品成本的会计分录。

某厂生产 A、B 两种产品,采用分批法,A 产品为 24 批别,上月投产 45 件,本月完工 30 件,月末有在产品 15 件,原材料已投入 100%、加工程度为 60%。B 产品为 25 批别,本月投产 15 件,本月完工 5 件,完工产品的定额成本为 5 380 元,其中：直接材料 2 760 元,直接人工 1 440 元,燃料及动力 360 元,制造费用 820 元。该厂"基本生产成本"明细账登记如图表测试题 3-6、图表测试题 3-7 所示。要求 A 产品用约当产量法,B 产品用定额成本法编制产品成本计算表如图表测试题 3-8、图表测试题 3-9 所示。

图表测试题 3-6

产品批别：24　　　　　　　　"基本生产成本"明细账　　　　　投产批量：45 件
产品名称：A 产品　　　　　　　　　　　　　　　　　　　　　　单位：元

2018 年		摘　　要	直接材料	直接人工	燃料及动力	制造费用	合　计
月	日						
3	1	月初在产品成本	49 560	13 622	2 876	7 044	73 102
	31	本月生产费用合计	91 200	55 954	14 440	30 240	191 834
	31	生产费用合计	140 760	69 576	17 316	37 284	264 936

图表测试题 3-7

产品批别：25　　　　　　　　"基本生产成本"明细账　　　　　投产批量：15 件
产品名称：B 产品　　　　　　　　　　　　　　　　　　　　　　单位：元

2018 年		摘　　要	直接材料	直接人工	燃料及动力	制造费用	合　计
月	日						
3	31	本月生产费用合计	41 320	17 560	4 440	10 160	73 480
	31	生产费用合计	41 320	17 560	4 440	10 160	73 480

图表测试题 3-8

产品批别：24　　　　　　　　产品成本计算表　　　　　　　　产量：
产品名称：A 产品　　　　　　　　年　月　日　　　　　　　　金额单位：元

成本项目	月初在产品成本	本月生产费用	生产费用合计	生产费用分配率	完工产品		月末在产品	
					数量(件)	金　额	数量(件)	金　额
直接材料								
直接人工								
燃料及动力								
制造费用								
合　　计								

图表测试题 3-9

产品批别：25　　　　　　　**产品成本计算表**　　　　　　产量：
产品名称：B产品　　　　　　　　年　月　日　　　　　　　　单位:元

项　　目	直接材料	直接人工	燃料及动力	制造费用	合　计
单位定额成本					
完工产品成本					

会计分录：

2. 根据产品成本计算表和会计分录登记基本生产成本明细账。

习题解答

第一章 总 论

概 念 题

一、是非题
1. 错 2. 对 3. 对 4. 错 5. 对 6. 错

二、单项选择题
1. C 2. A

三、多项选择题
1. ABC 2. ABCD 3. ABD

第二章 成本核算概述

概 念 题

一、是非题
1. 对 2. 错 3. 错 4. 对 5. 错 6. 对 7. 错

二、单项选择题
1. C 2. A 3. B

三、多项选择题
1. ACD 2. ABD 3. ABCD 4. BCD

第三章 费用的归集与分配

概　念　题

一、是非题

1. 错 2. 对 3. 错 4. 错 5. 错 6. 对 7. 错 8. 错 9. 对 10. 错 11. 对 12. 错 13. 对 14. 对 15. 错

二、单项选择题

1. C 2. A 3. B 4. D 5. C

三、多项选择题

1. ABC 2. ACD 3. AC 4. ABCD 5. BCD 6. ABD 7. ABD 8. CD

练　习　题

习题一 练习材料费用和包装费用的归集与分配

1. 根据"资料1"，归集和分配材料费用如图表题解3-1所示。

图表题解3-1

材料费用归集分配汇总表（按实际成本计价）

2017年3月31日　　　　　　　　　　　　　　　　　金额单位:元

应借账户		成本(费用)项目	直接计入	分配计入			合计
				定额消耗量	分配率	分配金额	
基本生产成本	A产品	直接材料	55 710	15 000	4.12	61 800	117 510
	B产品	直接材料	38 450	9 000	4.12	37 080	75 530
	小　计		94 160	24 000		98 880	193 040
辅助生产成本	供电车间	直接材料	12 500				12 500
	供气车间	直接材料	7 200				7 200
	小　计		19 700				19 700
制造费用		机物料消耗	6 920				6 920
销售费用		销售机构经费	3 100				3 100
管理费用		公司经费	3 750				3 750
合　计			127 630			98 880	226 510

根据上列材料费用归集分配汇总表,作分录如下:

借:基本生产成本——A产品	117 510.00
借:基本生产成本——B产品	75 530.00
借:辅助生产成本——供电车间	12 500.00
借:辅助生产成本——供气车间	7 200.00
借:制造费用——机物料消耗	6 920.00
借:销售费用——销售机构经费	3 100.00
借:管理费用——公司经费	3 750.00
贷:原材料	226 510.00

2. 根据"资料2",归集和分配材料费用如图表题解3-2所示。

图表题解3-2

材料费用归集分配汇总表(按计划成本计价)

2017年3月31日   金额单位:元

应借账户		成本(费用)项目	直接计入计划成本	分配计入计划成本			计划成本合计	差异率(%)	差异额	实际成本
				定额消耗量(千克)	分配率	分配金额				
(1)		(2)	(3)	(4)	(5)	(6)=(4)×(5)	(7)=(3)+(6)	(8)	(9)=(7)×(8)	(10)=(7)+(9)
基本生产成本	E产品	直接材料	52 200	18 000	3.80	68 400	120 600	1.5	1 809	122 409
	F产品	直接材料	45 600	12 000	3.80	45 600	91 200	1.5	1 368	92 568
	小计		97 800	30 000		114 000	211 800	—	3 177	214 977
辅助生产成本	供电车间	直接材料	17 800				17 800	1.5	267	18 067
	供气车间	直接材料	10 600				10 600	1.5	159	10 759
	小计		28 400				28 400	—	426	28 826
制造费用		机物料消耗	9 000				9 000	1.5	135	9 135
销售费用		销售机构经费	3 200				3 200	−1	−32	3 168
管理费用		公司经费	4 000				4 000	−1	−40	3 960
合 计			142 400			114 000	256 400	—	3 666	260 066

根据上列材料费用归集分配表进行账务处理:

(1) 分配各部门耗用原材料的计划成本,作分录如下:

借:基本生产成本——E产品	120 600.00
借:基本生产成本——F产品	91 200.00
借:辅助生产成本——供电车间	17 800.00
借:辅助生产成本——供气车间	10 600.00
借:制造费用——机物料消耗	9 000.00
借:销售费用——销售机构经费	3 200.00
借:管理费用——公司经费	4 000.00
贷:原材料	256 400.00

(2) 调整发出原材料超支和节约的差异,作分录如下:

借:基本生产成本——E产品	1 809.00
借:基本生产成本——F产品	1 368.00
借:辅助生产成本——供电车间	267.00
借:辅助生产成本——供气车间	159.00
借:制造费用——机物料消耗	135.00
贷:材料成本差异	3 738.00

借:材料成本差异	72.00
贷:销售费用——销售机构经费	32.00
贷:管理费用——公司经费	40.00

3. 根据"资料3",归集和分配包装费用如图表题解3-3所示。

图表题解3-3

包装费用归集分配表

2017年3月31日　　　　　　　　　　　　　　　金额单位:元

应借账户		成本(费用)项目	计划成本	差异率(%)	差异额	实际成本
基本生产成本	A产品	直接材料	10 000	2	200	10 200
	B产品	直接材料	6 000	2	120	6 120
	小计		16 000	—	320	16 320
销售费用		包装费	500	2	10	510
其他业务成本		出售包装物成本	3 000	2	60	3 060
合计			19 500	—	390	19 890

根据上列包装费用归集分配汇总表进行账务处理:

(1) 分配各部门耗用包装物的计划成本,作分录如下:

借：基本生产成本——A产品　　　　　　　　　　　　　10 000.00
　　借：基本生产成本——B产品　　　　　　　　　　　　　 6 000.00
　　借：销售费用——包装物　　　　　　　　　　　　　　　　 500.00
　　借：其他业务成本——出售包装物成本　　　　　　　　　 3 000.00
　　　贷：包装物　　　　　　　　　　　　　　　　　　　　19 500.00
（2）调整发出包装物超支的差异，作分录如下：
　　借：基本生产成本——A产品　　　　　　　　　　　　　　 200.00
　　借：基本生产成本——B产品　　　　　　　　　　　　　　 120.00
　　借：销售费用——包装物　　　　　　　　　　　　　　　　　10.00
　　借：其他业务成本——出售包装物成本　　　　　　　　　　　60.00
　　　贷：材料成本差异　　　　　　　　　　　　　　　　　　 390.00

习题二　练习人工费用的归集与分配

1. 编制会计分录如图表题解 3-4 所示。

图表题解 3-4

会 计 分 录

2017年		凭证号数	摘　要	科目及子细目	借方金额	贷方金额
月	日					
3	31	1	提现备发职工薪酬	库存现金 　银行存款	313 208.20	313 208.20
		2	发放职工薪酬	应付职工薪酬——工资 　其他应付款——住房公积金 　其他应付款——社会保险费 　应交税费——应交个人所得税 　库存现金	382 100.00	26 747.00 42 031.00 114.00 313 208.00
		3	分配本月各类人员的工资费用	基本生产成本——A产品 基本生产成本——B产品 基本生产成本——C产品 基本生产成本——D产品 辅助生产成本——发电车间 辅助生产成本——修理车间 制造费用——人工费用 销售费用——销售机构经费 管理费用——公司经费 在建工程 　应付职工薪酬——工资	106 200.00 63 800.00 64 600.00 52 000.00 15 400.00 11 200.00 19 400.00 10 500.00 32 100.00 6 900.00	382 100.00

(续表)

2017年		凭证号数	摘要	科目及子细目	借方金额	贷方金额
月	日					
3	31	4	分别计提职工福利费、工会经费、职工教育经费、养老保险费、失业保险费和住房公积金	基本生产成本——A产品 基本生产成本——B产品 基本生产成本——C产品 基本生产成本——D产品 辅助生产成本——发电车间 辅助生产成本——修理车间 制造费用——人工费用 销售费用——销售机构经费 管理费用——公司经费 在建工程 　应付职工薪酬——职工福利 　应付职工薪酬——工会经费 　应付职工薪酬——职工教育经费 　应付职工薪酬——社会保险费 　应付职工薪酬——住房公积金	48 321.00 29 029.00 29 393.80 23 660.00 7 007.00 5 096.00 8 827.00 4 777.50 14 605.50 3 139.50	 53 494.00 7 642.00 5 731.50 80 241.00 26 747.00

2. 编制工资费用分配表和其他人工费用计算分配表如图表题解 3-5、图表题解 3-6 所示。

图表题解 3-5

工资费用分配表

2017年3月31日　　　　　　　　　　　　金额单位:元

应借账户		成本或费用项目	直接计入工资费用	间接计入工资费用			工资费用合计
				生产工时（小时）	分配率	分配金额	
基本生产成本	A产品	直接人工	48 850.00	5 000	11.47	57 350.00	106 200.00
	B产品	直接人工	29 390.00	3 000	11.47	34 410.00	63 800.00
	C产品	直接人工	29 708.00	3 050	11.44	34 892.00	64 600.00
	D产品	直接人工	23 972.00	2 450	11.44	28 028.00	52 000.00
	小计		131 920.00	13 500		154 680.00	286 600.00
辅助生产成本	发电车间	直接人工	15 400.00				15 400.00
	修理车间	直接人工	11 200.00				11 200.00
	小计		26 600.00				26 600.00
制造费用		人工费用	19 400.00				19 400.00
销售费用		销售机构经费	10 500.00				10 500.00
管理费用		公司经费	32 100.00				32 100.00
在建工程			6 900.00				6 900.00
合计			227 420.00			154 680.00	382 100.00

图表题解 3-6

其他人工费用计算分配表
2017年3月31日
金额单位:元

应借账户		工资总额	职工福利费 提取率(%)	职工福利费 提取额	工会经费 提取率(%)	工会经费 提取额	职工教育经费 提取率(%)	职工教育经费 提取额	社会保险费 养老保险费 提取率(%)	社会保险费 养老保险费 提取额	社会保险费 失业保险费 提取率(%)	社会保险费 失业保险费 提取额	社会保险费 小计	住房公积金 提取率(%)	住房公积金 提取额	合计
基本生产成本	A产品	106 200.00	14	14 868.00	2	2 124.00	1.5	1 593.00	20	21 240.00	1	1 062.00	22 302.00	7	7 434.00	48 321.00
	B产品	63 800.00	14	8 932.00	2	1 276.00	1.5	957.00	20	12 760.00	1	638.00	13 398.00	7	4 466.00	29 029.00
	C产品	64 600.00	14	9 044.00	2	1 292.00	1.5	969.00	20	12 920.00	1	646.00	13 566.00	7	4 522.00	29 393.00
	D产品	52 000.00	14	7 280.00	2	1 040.00	1.5	780.00	20	10 400.00	1	520.00	10 920.00	7	3 640.00	23 660.00
	小计	286 600.00		40 124.00		5 732.00		4 299.00		57 320.00		2 866.00	60 186.00		20 062.00	130 403.00
辅助生产成本	发电车间	15 400.00	14	2 156.00	2	308.00	1.5	231.00	20	3 080.00	1	154.00	3 234.00	7	1 078.00	7 007.00
	修理车间	11 200.00	14	1 568.00	2	224.00	1.5	168.00	20	2 240.00	1	112.00	2 352.00	7	784.00	5 096.00
	小计	26 600.00		3 724.00		532.00		399.00		5 320.00		266.00	5 586.00		1 862.00	12 103.00
制造费用		19 400.00	14	2 716.00	2	388.00	1.5	291.00	20	3 880.00	1	194.00	4 074.00	7	1 358.00	8 827.00
销售费用		10 500.00	14	1 470.00	2	210.00	1.5	157.50	20	2 100.00	1	105.00	2 205.00	7	735.00	4 777.50
管理费用		32 100.00	14	4 494.00	2	642.00	1.5	481.50	20	6 420.00	1	321.00	6 741.00	7	2 247.00	14 605.50
在建工程		6 900.00	14	966.00	2	138.00	1.5	103.50	20	1 380.00	1	69.00	1 449.00	7	483.00	3 139.50
合计		382 100.00		53 494.00		7 642.00		5 731.50		76 420.00		3 821.00	80 241.00		26 747.00	173 855.50

习题三 练习外购动力费用的归集与分配

1. 编制外购动力费用分配表如图表题解 3-7 所示。

图表题解 3-7

外购动力费用归集分配表

2017 年 3 月 31 日

应借账户		成本（费用）项目	分配标准（生产工时）小时	分配率	分配额（元）
基本生产成本	A 产品	燃料及动力	16 000	1.08	17 280
	B 产品	燃料及动力	9 000	1.08	9 720
	小 计		25 000		27 000
辅助生产成本	修理车间	燃料及动力			2 016
	运输车间	水电费			792
	小 计				2 808
制造费用		水电费			1 584
销售费用		销售机构经费			864
管理费用		公司经费			1 944
合 计					34 200

2. 根据外购动力费用归集分配表，编制会计分录如图表题解 3-8 所示。

图表题解 3-8

会 计 分 录

2017 年		凭证号数	摘 要	科目及子细目	借方金额	贷方金额
月	日					
3	31	1	分配外购动力费用	基本生产成本——A 产品——燃料及动力	17 280.00	
				基本生产成本——B 产品——燃料及动力	9 720.00	
				辅助生产成本——修理车间——燃料及动力	2 016.00	
				辅助生产成本——运输车间——水电费	792.00	
				制造费用——水电费	1 584.00	
				销售费用——销售机构经费	864.00	
				管理费用——公司经费	1 944.00	
				应付账款		34 200.00
4	2	2	支付电费	应付账款	34 200.00	
				应交税费——应交增值税	5 814.00	
				银行存款		40 014.00

习题四 练习其他费用的归集与分配

编制会计分录如图表题解 3-9 所示。

图表题解 3-9

会 计 分 录

2017年		凭证号数	摘　　要	科目及子细目	借方金额	贷方金额
月	日					
1	1	1	预付本季度机器设备的租赁费	待摊费用 　　银行存款	6 000.00	6 000.00
	5	2	预付本年度财产保险费	待摊费用 　　银行存款	60 000.00	60 000.00
	31	3	计提本月固定资产折旧费用	制造费用——第一基本生产车间 制造费用——第二基本生产车间 辅助生产成本——发电车间 辅助生产成本——修理车间 销售费用 管理费用 　　累计折旧	25 200.00 23 100.00 5 800.00 4 200.00 1 260.00 2 420.00	61 980.00
		4-1	第一基本生产车间和修理车间领用工具	低值易耗品——在用低值易耗品 　　　　　　——第一基本生产车间 低值易耗品——在用低值易耗品 　　　　　　——辅助生产车间 　　低值易耗品——库存低值易耗品	3 500.00 1 500.00	5 000.00
		4-2	调整领用工具的材料成本差异	材料成本差异 　　低值易耗品——在用低值易耗品 　　　　　　　——第一基本生产车间 　　低值易耗品——在用低值易耗品 　　　　　　　——辅助生产车间	200.00	140.00 60.00
1	31	4-3	摊销分配各生产车间应负担的费用	制造费用——第一基本生产车间 　　　　　——机物料消耗 辅助生产成本——修理车间 　　低值易耗品——低值易耗品摊销 　　　　　　——基本生产车间 　　低值易耗品——低值易耗品摊销 　　　　　　——辅助生产车间	1 680.00 720.00	1 680.00 720.00

(续表)

2017年		凭证号数	摘要	科目及子细目	借方金额	贷方金额
月	日					
		5-1	销售部门和行政管理部门领用用具一批	销售费用 管理费用 低值易耗品——库存低值易耗品	400.00 600.00	1 000.00
		5-2	调整领用低值易耗品材料成本差异	销售费用 管理费用 材料成本差异	8.00 12.00	20.00
		6	分配修理车间归集的费用	辅助生产成本——发电车间 制造费用——第一基本生产车间 制造费用——第二基本生产车间 销售费用 管理费用 辅助生产成本——修理车间	3 900.00 18 800.00 16 200.00 600.00 1 560.00	41 060.00
		7	摊销本月份基本生产车间负担的机器设备租赁费	制造费用——第一基本生产车间 待摊费用	2 000.00	2 000.00
		8	摊销本月份负担的财产保险费	制造费用——第一基本生产车间 制造费用——第二基本生产车间 辅助生产成本——修理车间 销售费用 管理费用 待摊费用	2 000.00 1 750.00 500.00 200.00 550.00	5 000.00

习题五 练习辅助生产成本的归集与分配

1. 分别用直接分配法和交互分配法分配辅助生产费用。

（1）用直接分配法编制辅助生产费用分配表如图表题解 3-10 所示。

图表题解 3-10

辅助生产费用分配表（直接分配法）

2017 年 3 月 31 日

项　目	发电车间	修理车间	合　计
辅助生产费用（元）	42 470.00	51 642.00	94 112.00
产品或劳务的供应量	66 000（度）	1 620（工时）	
分配率	0.643 5	31.877 8	

(续表)

项目		发电车间	修理车间	合计
A产品	耗用数量	32 000(度)		
	分配金额(元)	20 592.00		20 592.00
B产品	耗用数量	26 500(度)		
	分配金额(元)	17 052.75		17 052.75
基本生产车间	耗用数量	4 000(度)	1 560(工时)	
	分配金额(元)	2 574.00	49 729.37	52 303.37
行政管理部门	耗用数量	3 500(度)	60(工时)	
	分配金额(元)	2 251.25	1 912.63	4 163.88
合计		42 470.00	51 642.00	94 112.00

$$发电车间电力费用分配率 = \frac{42\ 470}{68\ 500 - 2\ 500} = 0.6435$$

$$修理车间工时费用分配率 = \frac{51\ 642}{1\ 710 - 90} = 31.8778$$

根据辅助生产费用分配表分配的结果,作分录如下:

借:基本生产成本——A产品　　　　　　　　　　　　　20 592.00
借:基本生产成本——B产品　　　　　　　　　　　　　17 052.75
借:制造费用　　　　　　　　　　　　　　　　　　　　52 303.37
借:管理费用　　　　　　　　　　　　　　　　　　　　4 163.88
　贷:辅助生产成本——发电车间　　　　　　　　　　　42 470.00
　贷:辅助生产成本——修理车间　　　　　　　　　　　51 642.00

(2) 用交互分配法编制辅助生产费用分配表如图表题解 3-11 所示。

图表题解 3-11

辅助生产费用分配表(交互分配表)

2017 年 3 月 31 日

项目		发电车间			修理车间			合计
		数量(度)	单位成本(分配率)	分配金额(元)	数量(工时)	单位成本(分配率)	分配金额(元)	
待分配辅助生产费用		68 500	0.62	42 470.00	1 710	30.20	51 642.00	94 112.00
交互分配	发电车间			+2 718.00	−90		−2 718.00	
	修理车间	−2 500		−1 550.00			+1 550.00	
对外分配辅助生产费用		66 000	0.6612	43 638.00	1 620	31.1568	50 474.00	94 112.00

（续表）

项目		发电车间			修理车间			合计
		数量（度）	单位成本（分配率）	分配金额（元）	数量（工时）	单位成本（分配率）	分配金额（元）	
对外分配	A产品	32 000		21 158.40	—			21 158.40
	B产品	26 500		17 521.80	—			17 521.80
	基本生产车间	4 000		2 644.80	1 560		48 604.61	51 249.41
	行政管理部门	3 500		2 313.00	60		1 869.39	4 182.39

根据辅助生产费用分配表，编制会计分录。

① 根据辅助生产车间交互分配的计算结果，作分录如下：

借：辅助生产成本——发电车间　　　　　　　　　　　2 718.00
　　辅助生产成本——修理车间　　　　　　　　　　　1 550.00
　　贷：辅助生产成本——修理车间　　　　　　　　　2 718.00
　　　　辅助生产成本——发电车间　　　　　　　　　1 550.00

② 根据对外分配的计算结果，作分录如下：

借：基本生产成本——A产品　　　　　　　　　　　21 158.40
　　基本生产成本——B产品　　　　　　　　　　　17 521.80
　　制造费用　　　　　　　　　　　　　　　　　　51 249.41
　　管理费用　　　　　　　　　　　　　　　　　　4 182.39
　　贷：辅助生产成本——发电车间　　　　　　　　43 638.00
　　　　辅助生产成本——修理车间　　　　　　　　50 474.00

2. 用计划成本分配法分配辅助生产费用。

编制辅助生产费用分配表如图表题解 3-12 所示。

图表题解 3-12

辅助生产费用分配表（计划成本分配表）

2017 年 10 月 31 日　　　　　　　　　　　　　　金额单位：元

项目	计划成本分配			调整分配			合计
	发电车间	修理车间	小计	发电车间	修理车间	小计	
待分配辅助生产费用	42 470.00	51 642.00	94 112.00	789.00	−769.00	−20.00	
产品或劳务供量	68 500	1 710		66 000	1 620		
计量标准	度	工时		度	工时		
单位成本（分配率）	0.65	31.60		0.011 95	−0.474 7		

(续表)

项目		计划成本分配			调整分配			合计
		发电车间	修理车间	小计	发电车间	修理车间	小计	
发电车间	耗用数量		90					
	分配金额		2 844.00	2 844.00				2 844.00
修理车间	耗用数量	2 500						
	分配金额	1 625.00		1 625.00				1 625.00
A产品	耗用数量	32 000			32 000			
	分配金额	20 800.00		20 800.00	382.40		382.40	21 182.40
B产品	耗用数量	26 500			26 500			
	分配金额	17 225.00		17 225.00	316.68		316.68	17 541.68
基本生产车间	耗用数量	4 000	1 560		4 000	1 560		
	分配金额	2 600.00	49 296.00	51 896.00	47.80	−740.53	−692.73	51 203.27
行政管理部门	耗用数量	3 500	60		3 500	60		
	分配金额	2 275.00	1 896.00	4 171.00	42.12	−28.47	13.65	4 184.65
合计		44 525.00	54 036.00	98 561.00	789.00	−769.00	20.00	98 581.00

(1) 根据图表 3-12,将表中各辅助生产车间的产品或劳务的实际成本与计划成本进行比较,得出成本差异如下:

发电车间的实际成本＝42 470＋2 844＝45 314(元)

修理车间的实际成本＝51 642＋1 625＝53 267(元)

发电车间的成本差异＝45 314－44 525＝789(元)

修理车间的成本差异＝53 267－54 036＝−769(元)

(2) 根据辅助生产费用分配表分配的结果,作分录如下:

借:辅助生产成本——发电车间　　　　　　　　　　　2 844.00
借:辅助生产成本——修理车间　　　　　　　　　　　1 625.00
借:基本生产成本——A产品　　　　　　　　　　　　21 182.40
借:基本生产成本——B产品　　　　　　　　　　　　17 541.68
借:制造费用　　　　　　　　　　　　　　　　　　　51 203.27
借:管理费用　　　　　　　　　　　　　　　　　　　4 184.65
　　贷:辅助生产成本——发电车间　　　　　　　　　45 314.00
　　贷:辅助生产成本——修理车间　　　　　　　　　53 267.00

习题六　练习制造费用的归集与分配

1. 编制会计分录如图表题解 3-13 所示。

图表题解 3-13

会 计 分 录

2017年		凭证号数	摘 要	科目及子细目	借方金额	贷方金额
月	日					
3	1	1	支付委托外单位设计图纸费	制造费用——设计制图费 银行存款	4 130.00	4 130.00
	10	2	支付购置办公用品费	制造费用——办公费 银行存款	510.00	510.00
	18	3	出差报销差旅费	库存现金 制造费用——差旅费 其他应收款	40.00 1 760.00	1 800.00
	20	4	摊销本月负担的生产设备租赁费	制造费用——租赁费 待摊费用	2 000.00	2 000.00
	25	5	支付电话费	制造费用——办公费 银行存款	540.00	540.00
	26	6	摊销本月负担的财产保险费	制造费用——保险费 待摊费用	880.00	880.00

	31	7	耗用原材料	制造费用——机物料消耗
				  原材料
				  材料成本差异
					4 545.00	4 500.00
						45.00

	31	8	分配工资费用,计提其他人工费用	制造费用——人工费用
				  应付职工薪酬——工资
				  应付职工薪酬——职工福利
				  应付职工薪酬——工会经费
				  应付职工薪酬——职工教育经费
				  应付职工薪酬——社会保险费
				  应付职工薪酬——住房公积金
					23 280.00	16 000.00
						2 240.00
						320.00
						240.00
						3 360.00
						1 120.00

		9	分配本月负担固定资产折旧费用	制造费用——折旧费 累计折旧	24 060.00	24 060.00
		10-1	领用专用工具一批	低值易耗品——在用低值易耗品——基本生产车间 低值易耗品——库存低值易耗品	2 800.00	2 800.00
		10-2	摊销专用工具	制造费用——低值易耗品摊销 低值易耗品——低值易耗品摊销——基本生产车间	1 400.00	1 400.00

		11	分配基本生产车间应负担发电车间的电力费用和修理车间的设备维修费	制造费用——水电费
				制造费用——修理费
				  辅助生产成本——发电车间
				  辅助生产成本——修理车间
					2 525.00
					11 650.00
						2 525.00
						11 650.00

		12	分配制造费用	基本生产成本——A产品 基本生产成本——B产品 基本生产成本——C产品 制造费用	32 200.00 25 760.00 19 320.00	77 280.00

2. 登记"制造费用"明细账,如图表题解 3-14 所示。

图表题解 3-14

"制造费用"明细账

单位:元

2017年		凭证号数	摘要	人工费用	折旧费	租赁费	修理费	机物料消耗	低值易耗品摊销	水电费	办公费	差旅费	保险费	设计制图费	合计
月	日														
3	1	(略)	支付设计费											4 130	4 130
	10		支付办公用品费								510				510
	18		报销差旅费									1 760			1 760
	20		摊销生产设备租赁费			2 000									2 000
	25		支付电话费								540				540
	26		摊销财产保险费										880		880
	31		耗用原材料					4 545							4 545
			分配职工工资费用	16 000											16 000
			分配其他人工费用	7 280											7 280
			计提折旧费用		24 060										24 060
			摊销低值易耗品						1 400						1 400
			分配辅助生产费用				11 650			2 525					14 175
3	31		本月合计	23 280	24 060	2 000	11 650	4 545	1 400	2 525	1 050	1 760	880	4 130	77 280
3	31		分配转出	23 280	24 060	2 000	11 650	4 545	1 400	2 525	1 050	1 760	880	4 130	77 280
3	31		余额												-0-

3. 编制制造费用分配表如图表题解 3-15 所示。

图表题解 3-15

制造费用分配表

车间：基本生产车间　　　　2017 年 3 月 31 日

应借账户	生产工人工时（小时）	分配率	分配金额（元）
基本生产成本——A 产品	4 000	8.05	32 200
基本生产成本——B 产品	3 200	8.05	25 760
基本生产成本——C 产品	2 400	8.05	19 320
合　　计	9 600		77 280

习题七　练习生产损失的核算

1. 采用实际成本法。

(1) 编制废品损失计算表如图表题解 3-16 所示。

图表题解 3-16

废品损失计算表（实际成本法）

车间：基本生产车间　　2017 年 3 月 31 日　　产品名称：A 产品　　金额单位：元

项目	数量或折合数量（件）	直接材料	数量或折合数量（件）	直接人工	燃料及动力	制造费用	合计
费用总额	1 000	101 200.00	995	66 600.00	13 380.00	37 200.00	218 380.00
费用分配率		101.20		66.93	13.45	37.39	
废品成本	15	1 518.00	10	669.30	134.50	373.90	2 695.70
减：废品残值		150.00					150.00
废品净损失		1 368.00		669.30	134.50	373.90	2 545.70

(2) 根据废品损失计算表对 A 产品的不可修复废品损失进行归集与分配。

① 结转 A 产品 15 件废品的成本，作分录如下：

借：废品损失——A 产品　　　　　　　　　　　　　　　　2 695.70
　　贷：基本生产成本——A 产品——直接材料　　　　　　1 518.00
　　　　基本生产成本——A 产品——直接人工　　　　　　 669.30
　　　　基本生产成本——A 产品——燃料及动力　　　　　 134.50
　　　　基本生产成本——A 产品——制造费用　　　　　　 373.90

② 仓库将 15 件 A 产品的废品残料验收入库,每件计价 10 元,作分录如下:

　　借:原材料　　　　　　　　　　　　　　　　　　　　　　　　150.00
　　　贷:废品损失——A 产品　　　　　　　　　　　　　　　　　　　150.00

③ 将废品净损失结转 A 产品成本,作分录如下:

　　借:基本生产成本——A 产品——废品损失　　　　　　　　　　2 545.70
　　　贷:废品损失——A 产品　　　　　　　　　　　　　　　　　2 545.70

2. 采用定额成本法。

(1) 编制废品损失计算表如图表题解 3-17 所示。

图表题解 3-17

废品损失计算表(定额成本法)

车间:基本生产车间　　　2017 年 3 月 31 日　　　产品名称:A 产品　金额单位:元

项　目	数量或折合数量(件)	直接材料	数量或折合数量(件)	直接人工	燃料及动力	制造费用	合　计
费用定额		102.00		66.00	14.00	38.00	220.00
废品成本	15	1 530.00	10	660.00	140.00	380.00	2 710.00
减:废料残值		150.00					150.00
废品净损失		1 380.00		660.00	140.00	380.00	2 560.00

(2) 根据废品损失计算表对 A 产品的不可修复废品损失进行归集与分配。

① 结转 A 产品 15 件废品的成本,作分录如下:

　　借:废品损失——A 产品　　　　　　　　　　　　　　　　　　2 710.00
　　　贷:基本生产成本——A 产品——直接材料　　　　　　　　　1 530.00
　　　　基本生产成本——A 产品——直接人工　　　　　　　　　　660.00
　　　　基本生产成本——A 产品——燃料及动力　　　　　　　　　140.00
　　　　基本生产成本——A 产品——制造费用　　　　　　　　　　380.00

② 仓库将 15 件 A 产品的废品残料验收入库,每件 10 元,作分录如下:

　　借:原材料　　　　　　　　　　　　　　　　　　　　　　　　150.00
　　　贷:废品损失——A 产品　　　　　　　　　　　　　　　　　　150.00

③ 将废品净损失结转 A 产品成本,作分录如下:

　　借:基本生产成本——A 产品——废品损失　　　　　　　　　　2 560.00
　　　贷:废品损失——A 产品　　　　　　　　　　　　　　　　　2 560.00

3. 编制会计分录如图表题解 3-18 所示。

图表题解 3-18

会 计 分 录

2017年 月	日	凭证号数	摘 要	科目及子细目	借方金额	贷方金额
3	31	1	B产品修复费用予以转账	废品损失——B产品 　原材料 　应付职工薪酬 　应付账款 　制造费用	2 800.00	 1 310.00 880.00 150.00 460.00
		2	可修复B产品经批准由责任人负责赔偿	其他应收款——责任人 　废品损失——B产品	720.00	 720.00
		3	将废品净损失分配转入B产品成本	基本生产成本——B产品 　废品损失——B产品	2 080.00	 2 080.00
		4	停工损失费用予以转账	停工损失 　应付职工薪酬 　应付账款 　制造费用	9 200.00	 7 120.00 72.00 2 008.00
		5	领导决定由生产工人王明负责赔偿停工损失	其他应收款——王明 　停工损失	920.00	 920.00
		6	分配本月停工损失	基本生产成本——A产品——停工损失 基本生产成本——B产品——停工损失 　停工损失	5 520.00 2 760.00	 8 280.00

第四章　产品成本计算概述

概 念 题

一、是非题

1. 对　2. 错　3. 对　4. 错　5. 错　6. 对　7. 错　8. 错
9. 对　10. 错　11. 错　12. 对　13. 错　14. 对

二、单项选择题

1. D　2. A　3. C　4. D　5. B

三、多项选择题

1. ABD　2. BD　3. ACD　4. AB　5. BD　6. ABD　7. ABC

练 习 题

习题一　练习在产品清查的核算

编制会计分录如图表题解 4-1 所示。

图表题解 4-1

会 计 分 录

2017年		凭证号数	摘　要	科目及子细目	借方金额	贷方金额
月	日					
3	27	1-1	盘盈 A 在产品	基本生产成本——A产品	300.00	
				待处理财产损溢		300.00
3	27	1-2	盘亏 B 在产品	待处理财产损溢	750.00	
				基本生产成本——B产品		750.00
	28	2	因水灾毁损 C 在产品予以转账	待处理财产损溢	11 820.00	
				基本生产成本——C产品		10 800.00
				应交税费——应交增值税——进项税额转出		1 020.00

(续表)

2017年		凭证号数	摘 要	科目及子细目	借方金额	贷方金额
月	日					
		3	盘盈A在产品经批准予以核销转账	待处理财产损溢 营业外收入	300.00	300.00
	29	4	盘亏B在产品经批准予以转账	其他应收款——责任人 营业外支出 待处理财产损溢	225.00 525.00	750.00
	30	5	C在产品残料作价并验收入库	原材料 待处理财产损溢	600.00	600.00
	31	6	保险公司付来C在产品赔偿款,其余作为企业损失	银行存款 营业外支出 待处理财产损溢	9 000.00 2 820.00	11 820.00

习题二 练习按所耗直接材料费用计算在产品成本法

按所耗原材料费用计算在产品成本法编制产品成本计算表如图表题解4-2所示。

图表题解4-2

产品成本计算表

产品名称：A产品　　　　　2017年4月31日　　　　　　　　　单位:元

项　目	月初在产品成本	本月生产费用	生产费用合计	期末在产品成本	完工产品成本
(1)	(2)	(3)	(4)=(2)+(3)	(5)	(6)=(4)-(5)
直接材料	44 500	151 300	195 800	53 400	142 400
直接人工		72 600	72 600		72 600
燃料及动力		18 200	18 200		18 200
制造费用		37 400	37 400		37 400
合　计	44 500	279 500	324 000	53 400	270 600

$$材料费用分配率 = \frac{44\ 500 + 151\ 300}{800 + 300} = 178(元)$$

$$月末在产品成本 = 300 \times 178 = 53\ 400(元)$$

习题三 练习用两种不同的定额方法分配完工产品与在产品的成本

1. 按定额成本计算在产品成本法编制产品成本计算表如图表题解4-3所示。

图表题解 4-3

产品成本计算表

产品名称：A产品　　　　　2017年3月31日　　　　　产量：750件　金额单位:元

项目	直接材料	定额工时（小时）	直接人工	燃料及动力	制造费用	合计
月初在产品成本	73 408.00		14 160.00	4 968.00	8 464.00	101 000.00
本月生产费用	231 176.00		108 945.00	25 395.00	53 132.00	418 648.00
生产费用合计	304 584.00		123 105.00	30 363.00	61 596.00	519 648.00
在产品单位费用定额	296.00		28.40	6.95	14.20	—
月末在产品成本	88 800.00	600	17 040.00	4 170.00	8 520.00	118 530.00
完工产品成本	215 784.00		106 065.00	26 193.00	53 076.00	401 118.00

2. 根据产品成本计算表编制如下会计分录。

  借：库存商品——A产品　　　　　　　　　　401 118.00
   贷：基本生产成本——直接材料　　　　　　　215 784.00
    基本生产成本——直接人工　　　　　　　106 065.00
    基本生产成本——燃料及动力　　　　　　 26 193.00
    基本生产成本——制造费用　　　　　　　 53 076.00

3. 用定额比例法编制产品成本计算表如图表题解 4-4 所示。

图表题解 4-4

产品成本计算表

产品名称：A产品　　　　　2017年3月31日　　　　　产量：750件　金额单位:元

成本项目	月初在产品成本	本月生产费用	生产费用合计	费用分配率	完工产品成本		月末在产品成本	
					定额	实际成本	定额	实际成本
(1)	(2)	(3)	(4)=(2)+(3)	(5)=(4)/((6)+(8))	(6)	(7)=(6)×(5)	(8)	(9)=(8)×(5)
直接材料	73 408.00	231 176.00	304 584.00	0.98	222 000	217 560.00	88 800	87 024.00
直接人工	14 160.00	108 945.00	123 105.00	28.30	3 750	106 125.00	600	16 980.00
燃料及动力	4 968.00	25 395.00	30 363.00	6.98	3 750	26 175.00	600	4 188.00
制造费用	8 464.00	53 132.00	61 596.00	14.16	3 750	53 100.00	600	8 496.00
合计	101 000.00	418 648.00	519 648.00	—	—	402 960.00	—	116 688.00

完工产品原材料定额成本＝750×296＝222 000(元)

月末在产品原材料定额成本＝300×296＝88 800(元)

完工产品定额工时＝750×5＝3 750(小时)

4. 根据产品成本计算表编制如下会计分录。

借：库存商品——A产品　　　　　　　　　　　　　402 960.00
　　贷：基本生产成本——直接材料　　　　　　　　217 560.00
　　贷：基本生产成本——直接人工　　　　　　　　106 125.00
　　贷：基本生产成本——燃料及动力　　　　　　　 26 175.00
　　贷：基本生产成本——制造费用　　　　　　　　 53 100.00

习题四　练习用约当产量法分配完工产品与在产品成本(单工序)

1. 根据上列资料分别计算月末在产品原材料费用约当产量和加工费用的约当产量。

月末A在产品原材料费用约当产量＝$200×(70\%+20\%)+50×(70\%+20\%+10\%)=230$(件)

月末A产品加工费用的约当产量＝$\dfrac{200×10×60\%+50×10×80\%}{10}=160$(件)

2. 用约当产量法编制产品成本计算表如图表题解 4-5 所示。

图表题解 4-5

产品成本计算表

产品名称：A产品　　　　2017年3月31日　　　　产量：450件　　金额单位：元

成本项目	月初在产品成本	本月生产费用	生产费用合计	费用分配率	完工产品成本		月末在产品成本	
					数量(件)	金额	数量(件)	金额
(1)	(2)	(3)	(4)＝(2)+(3)	(5)＝$\dfrac{(4)}{(6)+(8)}$	(6)	(7)＝(6)×(5)	(8)	(9)＝(8)×(5)
直接材料	30 180.00	80 455.00	110 635.00	162.70	450	73 214.34	230	37 420.66
直接人工	12 100.00	42 812.00	54 912.00	90.02	450	40 508.85	160	14 403.15
燃料及动力	3 200.00	10 990.00	14 190.00	23.26	450	10 468.03	160	3 721.97
制造费用	6 320.00	21 532.00	27 852.00	45.66	450	20 546.56	160	7 305.44
合　计	51 800.00	155 789.00	207 589.00	—		144 737.78	—	62 851.22

3. 根据产品成本计算表编制如下会计分录。

 借:库存商品——A产品　　　　　　　　　　　　144 737.78
 　贷:基本生产成本——直接材料　　　　　　　　 73 214.34
 　贷:基本生产成本——直接人工　　　　　　　　 40 508.85
 　贷:基本生产成本——燃料及动力　　　　　　　 10 468.03
 　贷:基本生产成本——制造费用　　　　　　　　 20 546.56

习题五　练习用约当产量法分配完工产品与在产品成本(多工序)

1. 根据上列资料分别计算在产品原材料费用的约当产量和加工费用的约当产量。

(1) 计算B产品原材料费用的约当产量如图表题解4-6所示。

图表题解4-6

在产品原材料费用约当产量计算表

2017年3月31日　　　　　　　　　　　　　　　单位:件

工 序	本工序费用消耗定额	本工序累计费用消耗定额	本工序在产品投料率(%)	在产品数量	在产品约当产量
(1)	(2)	(3)	$(4)=\dfrac{(3)}{20}$	(5)	$(6)=(5)\times(4)$
一	12	12	60	80	48
二	6	18	90	100	90
三	2	20	100	150	150
合　计	20			330	288

(2) 按各道在产品完工率分别计算其约当产量。

$$第一道工序完工率 = \frac{10 \times 50\%}{20} \times 100\% = 25\%$$

$$第二道工序完工率 = \frac{10 + 6 \times 60\%}{20} \times 100\% = 68\%$$

$$第三道工序完工率 = \frac{10 + 6 + 4 \times 40\%}{20} \times 100\% = 88\%$$

月末在产品加工费用的约当产量 $= 80 \times 25\% + 100 \times 68\% + 150 \times 88\% = 220$(件)

2. 编制产品成本计算表如图表题解 4-7 所示。

图表题解 4-7

产品成本计算表

产品名称：B产品　　　　　　　　2017 年 3 月 31 日　　　　　　　产量：600 件
　　　　　　　　　　　　　　　　　　　　　　　　　　　　　　　金额单位：元

成本项目	月初在产品成本	本月生产费用	生产费用合计	生产费用分配率	完工产品 数量（件）	完工产品 金额	月末在产品 数量（件）	月末在产品 金额
(1)	(2)	(3)	(4)=(2)+(3)	(5)=$\frac{(4)}{(6)+(8)}$	(6)	(7)=(6)×(5)	(8)	(9)=(8)×(5)
直接材料	32 875.00	83 897.00	116 772.00	131.50	600	78 900.00	288	37 872.00
直接人工	12 816.00	45 568.00	58 384.00	71.20	600	42 720.00	220	15 664.00
燃料及动力	4 410.00	15 680.00	20 090.00	24.50	600	14 700.00	220	5 390.00
制造费用	7 488.00	26 624.00	34 112.00	41.60	600	24 960.00	220	9 152.00
合　计	57 589.00	171 769.00	229 358.00	—	—	161 280.00	—	68 078.00

3. 根据产品成本计算表编制如下会计分录。

借：库存商品——B产品　　　　　　　　　　161 280.00
　　贷：基本生产成本——直接材料　　　　　　　78 900.00
　　贷：基本生产成本——直接人工　　　　　　　42 720.00
　　贷：基本生产成本——燃料及动力　　　　　　14 700.00
　　贷：基本生产成本——制造费用　　　　　　　24 960.00

第五章 产品成本计算的基本方法

概 念 题

一、是非题

1. 错 2. 对 3. 对 4. 错 5. 对 6. 错 7. 错 8. 错 9. 对 10. 对
11. 错 12. 错 13. 对 14. 错 15. 错 16. 对

二、单项选择题

1. C 2. B 3. D 4. C 5. A 6. B 7. C 8. D 9. D 10. A

三、多项选择题

1. ABD 2. AD 3. BCD 4. ABC 5. ABD 6. ABCD 7. BD 8. AC
9. BC

练 习 题

习题一 练习品种法的核算

1. 编制会计分录。

根据"资料2"及其他相关业务编制会计分录如图表题解 5-1 所示。

图表题解 5-1

会 计 分 录

2017年		凭证号数	摘 要	会计科目	借方金额	贷方金额
月	日					
3	31	1	分配材料费用	基本生产成本——甲产品	405 400.00	
				基本生产成本——乙产品	252 828.00	
				辅助生产成本——修理车间	12 800.00	
				辅助生产成本——运输车间	3 150.00	
				废品损失——甲产品	760.00	
				制造费用——机物料消耗	10 910.00	
				销售费用——销售机构经费	912.00	
				管理费用——公司经费	1 800.00	
				原材料		688 560.00

(续表)

2017年		凭证号数	摘 要	会 计 科 目	借方金额	贷方金额
月	日					
3		2	分配工资费用	基本生产成本——甲产品	132 800.00	
				基本生产成本——乙产品	100 200.00	
				辅助生产成本——修理车间	15 800.00	
				辅助生产成本——运输车间	13 200.00	
				废品损失——甲产品	400.00	
				制造费用	11 200.00	
				销售费用	9 600.00	
				管理费用	26 000.00	
				应付职工薪酬		309 200.00
		3	分配其他人工费用	基本生产成本——甲产品	60 424.00	
				基本生产成本——乙产品	45 591.00	
				辅助生产成本——修理车间	7 189.00	
				辅助生产成本——运输车间	6 006.00	
				废品损失——甲产品	182.00	
				制造费用	5 096.00	
				销售费用	4 368.00	
				管理费用	11 830.00	
				应付职工薪酬		140 686.00
	31	4	分配外购动力	基本生产成本——甲产品	35 390.00	
				基本生产成本——乙产品	28 860.00	
				辅助生产成本——修理车间	1 882.00	
				辅助生产成本——运输车间	1 120.00	
				废品损失——甲产品	92.00	
				制造费用——水电费	2 120.00	
				销售费用——销售机构经费	920.00	
				管理费用——公司经费	1 500.00	
				应付账款		71 884.00
		5	分配折旧费用	辅助生产成本——修理车间	2 560.00	
				辅助生产成本——运输车间	2 210.00	
				制造费用——折旧费	69 600.00	
				销售费用——折旧费	900.00	
				管理费用——折旧费	2 760.00	
				累计折旧		78 030.00

(续表)

2017年		凭证号数	摘 要	会 计 科 目	借方金额	贷方金额
月	日					
3		6	分配保险费	辅助生产成本——修理车间	460.00	
				辅助生产成本——运输车间	370.00	
				制造费用——保险费	3 000.00	
				销售费用——保险费	260.00	
				管理费用——保险费	500.00	
				待摊费用		4 590.00
		7	支付各项费用	辅助生产成本——修理车间	3 229.00	
				辅助生产成本——运输车间	7 844.00	
				制造费用	3 660.00	
				销售费用	2 088.00	
				管理费用	6 215.00	
				银行存款		23 036.00
	31	8	辅助生产车间交互分配	辅助生产成本——修理车间	2 260.00	
				辅助生产成本——运输车间	1 220.00	
				辅助生产成本——修理车间		1 220.00
				辅助生产成本——运输车间		2 260.00
		9	分配辅助生产费用	制造费用——修理费	35 326.00	
				制造费用——运输费	17 604.00	
				销售费用——销售机构经费	3 211.00	
				销售费用——运输费	11 736.00	
				管理费用——公司经费	9 943.00	
				辅助生产成本——修理车间		44 960.00
				辅助生产成本——运输车间		32 860.00
		10	分配制造费用	基本生产成本——甲产品	92 000.00	
				基本生产成本——乙产品	66 240.00	
				废品损失——甲产品	276.00	
				制造费用		158 516.00
		11	结转废品净损失	基本生产成本——甲产品	1 710.00	
				废品损失——甲产品		1 710.00
		12	结转完工产品成本	库存商品——甲产品	692 160.00	
				库存商品——乙产品	553 152.00	
				基本生产成本——甲产品		692 160.00
				——乙产品		553 152.00

2. 登记"辅助生产成本"明细账。

根据会计分录登记"辅助生产成本"明细账如图表题解 5-2、图表题解 5-3 所示。

图表题解 5-2

"辅助生产

车间：修理车间

2017年		凭证号数	摘　　要	直接材料	直接人工	燃料及动力
月	日					
3	31	1	耗用原材料	12 800.00		
	31	2	分配工资费用		15 800.00	
	31	3	分配其他人工费用		7 189.00	
	31	4	分配动力费用			1 882.00
	31	5	分配折旧费用			
	31	6	摊销保险费			
	31	7	支付各种费用			2 590.00
	31	8	交互分配			
	31	9	对外分配			
3	31		本 月 合 计	12 800.00	22 989.00	4 472.00

图表题解 5-3

"辅助生产

车间：运输车间

2017年		凭证号数	摘　　要	直接材料	直接人工	燃料及动力
月	日					
3	31	1	耗用原材料	3 150.00		
	31	2	分配工资费用		13 200.00	
	31	3	分配其他人工费用		6 006.00	
	31	4	分配动力费用			1 120.00
	31	5	分配折旧费用			
	31	6	摊销保险费			
	31	7	支付各种费用			7 200.00
	31	8	交互分配			
	31	9	对外分配			
3	31		本 月 合 计	3 150.00	19 206.00	8 320.00

成本明细账"

单位:元

折旧费	保险费	办公费	其他费用	合 计	转 出	余 额
				12 800.00		12 800.00
				15 800.00		28 600.00
				7 189.00		35 789.00
				1 882.00		37 671.00
2 560.00				2 560.00		40 231.00
	460.00			460.00		40 691.00
		360.00	279.00	3 229.00		43 920.00
			2 260.00	2 260.00	1 220.00	44 960.00
					44 960.00	-0-
2 560.00	460.00	360.00	2 539.00	46 180.00	46 180.00	-0-

成本明细账"

单位:元

折旧费	保险费	办公费	其他费用	合 计	转 出	余 额
				3 150.00		3 150.00
				13 200.00		16 350.00
				6 006.00		22 356.00
				1 120.00		23 476.00
2 210.00				2 210.00		25 686.00
	370.00			370.00		26 056.00
		480.00	164.00	7 844.00		33 900.00
			1 220.00	1 220.00	2 260.00	32 860.00
					32 860.00	-0-
2 210.00	370.00	480.00	1 384.00	35 120.00	35 120.00	-0-

3. 编制辅助生产费用分配表。

根据"辅助生产成本"明细账登记归集的资料,采用交互分配法编制辅助生产费用分配表如图表题解 5-4 所示。

图表题解 5-4

辅助生产费用分配表

2014 年 10 月 31 日

项目		修理车间			运输车间			合计
		数量（小时）	单位成本（分配率）	分配金额（元）	数量（吨/千米）	单位成本（分配率）	分配金额（元）	
待分配辅助生产费用		1 440	30.50	43 920.00	30 000	1.13	33 900.00	77 820.00
交互分配	修理车间	−40		−1 220.00			+1 220.00	
	运输车间			+2 260.00	−2 000		−2 260.00	
对外分配辅助生产费用		1 400	32.114 3	44 960.00	28 000	1.173 6	32 860.00	77 820.00
对外分配	基本生产车间	1 100		35 326.00	15 000		17 604.00	52 930.00
	销售部门	100		3 211.00	10 000		11 736.00	14 947.00
	行政管理部门	200		6 423.00	3 000		3 520.00	9 943.00

根据辅助生产费用分配表分配的结果编制的会计分录见图表题解 5-1 第 8、第 9 两笔业务。

4. 登记"制造费用"明细账。

根据会计分录登记"制造费用"明细账如图表题解 5-5 所示。

5. 编制制造费用分配表。

根据"制造费用"明细账登记归集的资料,按生产工时编制制造费用分配表如图表题解 5-6 所示。

根据制造费用分配表分配的结果编制的会计分录见图表题解 5-1 第 10 笔业务。

6. 登记"废品损失"明细账。

根据会计分录登记"废品损失"明细账如图表题解 5-7 所示。

图表题解 5-5

"制造费用"明细账

2017年		凭证号数	摘要	人工费用	折旧费	修理费	机物料消耗	水电费	保险费	办公费	差旅费	运输费	其他	合计
月	日													
3	31	1	耗用原材料				10 910.00							10 910.00
3	31	2	分配工资费用	11 200.00										11 200.00
3	31	3	分配其他人工费用	5 096.00										5 096.00
3	31	4	分配外购动力					2 120.00						2 120.00
3	31	5	分配折旧费用		69 600.00									69 600.00
3	31	6	摊销保险费						3 000.00					3 000.00
3	31	7	支付各种费用							1 200.00	1 660.00		800.00	3 660.00
3	31	9	分配辅助生产费用			35 326.00						17 604.00		52 930.00
3	31	10	结转制造费用	16 296.00	69 600.00	35 326.00	10 910.00	2 120.00	3 000.00	1 200.00	1 660.00	17 604.00	800.00	158 516.00
3	31		余额											

图表题解 5-6

制造费用分配表

车间：基本生产车间　　　　2017 年 3 月 31 日

应借账户		生产工人工时（小时）	分配率	分配金额（元）
基本生产成本	甲产品	5 000	18.40	92 000.00
	乙产品	3 600	18.40	66 240.00
废品损失	甲产品	15	18.40	276.00
合　　计		8 615		158 516.00

图表题解 5-7

"废品损失"明细账

账户：甲产品　　　　　　　　　　　　　　　　　　　　　　　单位：元

2017 年		凭证号数	摘　要	借　方	贷　方	借或贷	余　额
月	日						
3	31	1	领用原材料	760.00		借	760.00
	31	2	分配工资费用	400.00		借	1 160.00
	31	3	分配其他人工费用	182.00		借	1 342.00
	31	4	分配动力费用	92.00		借	1 434.00
	31	10	分配制造费用	276.00		借	1 710.00
	31	11	结转废品净损失		1 710.00	平	-0-
3	31		本期发生额及余额	1 710.00	1 710.00	平	-0-

根据"废品损失"明细账登记归集的资料，将废品净损失结转"基本生产成本"账户的会计分录见图表题解 5-1 第 11 笔业务。

7. 设置并登记"基本生产成本"明细账。

根据会计分录登记"基本生产成本"明细账如图表题解 5-8、图表题解 5-9 所示。

图表题解 5-8

"基本生产成本"明细账

账户：甲产品　　　　　　　　　　　　　　　　　　　　　　　　　　　单位：元

2017年		凭证号数	摘要	直接材料	直接人工	燃料及动力	制造费用	废品损失	合计
月	日								
3	1		月初在产品成本	101 400.00	29 796.00	5 920.00	16 090.00		153 206.00
	31	1	耗用材料	405 400.00					405 400.00
	31	2	分配工资费用		132 800.00				132 800.00
	31	3	分配其他人工费用		60 424.00				60 424.00
	31	4	分配动力费用			35 390.00			35 390.00
	31	10	分配制造费用				92 000.00		92 000.00
	31	11	转入废品净损失					1 710.00	1 710.00
3	31		本月生产费用合计	405 400.00	193 224.00	35 390.00	92 000.00	1 710.00	727 724.00
3	31		生产费用合计	506 800.00	223 020.00	41 310.00	108 090.00	1 710.00	880 930.00
3	31	12	结转完工产品成本	380 100.00	185 850.00	34 425.00	90 075.00	1 710.00	692 160.00
3	31		月末在产品成本	126 700.00	37 170.00	6 885.00	18 015.00		188 770.00

图表题解 5-9

"基本生产成本"明细账

账户：乙产品　　　　　　　　　　　　　　　　　　　　　　　　　　　单位：元

2017年		凭证号数	摘要	直接材料	直接人工	燃料及动力	制造费用	废品损失	合计
月	日								
3	1		月初在产品成本	202 284.00	18 729.00	3 756.00	9 072.00		233 841.00
	31	1	耗用材料	252 828.00					252 828.00
	31	2	分配工资费用		100 200.00				100 200.00
	31	3	分配其他人工费用		45 591.00				45 591.00
	31	4	分配动力费用			28 860.00			28 860.00
	31	10	分配制造费用				66 240.00		66 240.00
3	31		本月生产费用合计	252 828.00	145 791.00	28 860.00	66 240.00		493 719.00
3	31		生产费用合计	455 112.00	164 520.00	32 616.00	75 312.00		727 560.00
3	31	12	结转完工产品成本	303 408.00	150 810.00	29 898.00	69 036.00		553 152.00
10	31		月末在产品成本	151 704.00	13 710.00	2 718.00	6 276.00		174 408.00

8. 编制产品成本计算表。

根据"基本生产成本"明细账归集的生产费用,甲产品用约当产量法,乙产品用定额比例法分别编制产品成本计算表如图表题解5-10、图表题解5-11所示。

图表题解 5-10

产品成本计算表

产品名称：甲产品　　　2017 年 3 月 31 日　　　产量：750 件

成本项目	月初在产品成本	本月生产费用	生产费用合计	费用分配率	完工产品		月末在产品	
					数量	金额	数量	金额
(1)	(2)	(3)	(4)=(2)+(3)	(5)=(4)/((6)+(8))	(6)	(7)=(6)×(5)	(8)	(9)=(8)×(5)
直接材料	101 400.00	405 400.00	506 800.00	506.80	750	380 100.00	250	126 700.00
直接人工	29 796.00	193 224.00	223 020.00	247.80	750	185 850.00	150	37 170.00
燃料及动力	5 920.00	35 390.00	41 310.00	45.90	750	34 425.50	150	6 885.00
制造费用	16 090.00	92 000.00	108 090.00	120.10	750	90 075.00	150	18 015.00
废品损失	—	1 710.00	1 710.00	2.28	750	1 710.00	—	—
合　计	153 206.00	727 724.00	880 930.00	—		692 160.00	—	188 770.00

图表题解 5-11

产品成本计算表

产品名称：乙产品　　　2017 年 3 月 31 日　　　产量：600 件

成本项目	月初在产品成本	本月生产费用	生产费用合计	费用分配率	完工产品成本		月末在产品成本	
					定额	实际成本	定额	实际成本
(1)	(2)	(3)	(4)=(2)+(3)	(5)=(4)/((6)+(8))	(6)	(7)=(6)×(5)	(8)	(9)=(8)×(5)
直接材料	202 284.00	252 828.00	455 112.00	0.98	309 600.00	303 408.00	154 800.00	151 704.00
直接人工	18 729.00	145 791.00	164 520.00	45.70	3 300	150 810.00	300	13 710.00
燃料及动力	3 756.00	28 860.00	32 616.00	9.06	3 300	29 898.00	300	2 718.00
制造费用	9 072.00	66 240.30	75 312.00	20.92	3 300	69 036.00	300	6 276.00
合计	233 841.00	493 719.00	727 560.00	—	—	553 152.00	—	174 408.00

根据产品成本计算表中的相关资料编制产成品入库的会计分录见图表题解 5-1 第 12 笔业务。

习题二 练习分批法的核算

1. 设置并登记"基本生产成本"明细账

设置并登记"基本生产成本"明细账如图表题解 5-12、图表题解 5-13、图表题解 5-14 所示。

图表题解 5-12

"基本生产成本"明细账

产品批别：65　　产品名称：甲产品　　　　　　　　　　　投产批量：20 台

2017 年		摘　要	直接材料	直接人工	燃料及动力	制造费用	合　计
月	日						
3	1	月初在产品成本	78 500.00	17 960.00	5 036.00	9 040.00	110 536.00
	31	本月生产费用合计	34 250.00	41 040.00	11 224.00	22 700.00	109 214.00
	31	生产费用合计	112 750.00	59 000.00	16 260.00	31 740.00	219 750.00
	31	结转完工产品成本	112 750.00	59 000.00	16 260.00	31 740.00	219 750.00
3	31	月末在产品成本					-0-

图表题解 5-13

"基本生产成本"明细账

产品批别：66　　产品名称：乙产品　　　　　　　　　　　投产批量：34 台

2017 年		摘　要	直接材料	直接人工	燃料及动力	制造费用	合　计
月	日						
3	31	本月生产费用合计	170 612.00	70 168.00	17 472.00	35 056.00	293 308.00
	31	生产费用合计	170 612.00	70 168.00	17 472.00	35 056.00	293 308.00
	31	结转完工产品成本	110 396.00	55 132.00	13 728.00	27 544.00	206 800.00
3	31	月末在产品成本	60 216.00	15 036.00	3 744.00	7 512.00	86 508.00

图表题解 5-14

"基本生产成本"明细账

产品批别：67　　产品名称：丙产品　　　　　　　　　　　投产批量：18 台

2017 年		摘　要	直接材料	直接人工	燃料及动力	制造费用	合　计
月	日						
3	31	本月生产费用合计	75 870.00	27 796.00	7 152.00	14 186.00	125 004.00
	31	生产费用合计	75 870.00	27 796.00	7 152.00	14 186.00	125 004.00
	31	结转完工产品成本	16 860.00	8 520.00	2 064.00	4 536.00	31 980.00
3	31	月末在产品成本	59 010.00	19 276.00	5 088.00	9 650.00	93 024.00

2. 编制产品成本计算表。

根据"基本生产成本"明细账及有关资料,编制产品成本计算表如图表题解 5-15、图表题解 5-16 所示。

图表题解 5-15

产品成本计算表

产品批别:66
产品名称:乙产品　　　　　2017 年 3 月 31 日　　　　　　　　　　产量:22 台

成本项目	月初在产品成本	本月生产费用	生产费用合计	生产费用分配率	完工产品 数量(台)	完工产品 金额(元)	月末在产品 数量(台)	月末在产品 金额(元)
(1)	(2)	(3)	(4)=(2)+(3)	(5)=(4)/((6)+(8))	(6)	(7)=(6)×(5)	(8)	(9)=(8)×(5)
直接材料		170 612.00	170 612.00	5 018.00	22	110 396.00	12	60 216.00
直接人工		70 168.00	70 168.00	2 506.00	22	55 132.00	6	15 036.00
燃料及动力		17 472.00	17 472.00	624.00	22	13 728.00	6	3 744.00
制造费用		35 056.00	35 056.00	1 252.00	22	27 544.00	6	7 512.00
合　计		293 308.00	293 308.00	—	—	206 800.00	—	86 508.00

图表题解 5-16

产品成本计算表

产品批别:67　　　　　　　　　　　　　　　　　　　　　　　产量:4 台
产品名称:丙产品　　　　　2017 年 3 月 31 日　　　　　　　　金额单位:元

项　目	直接材料	直接人工	燃料及动力	制造费用	合　计
单位定额成本	4 215.00	2 130.00	516.00	1 134.00	7 995.00
完工产品成本	16 860.00	8 520.00	2 064.00	4 536.00	31 980.00

3. 编制产成品入库的会计分录。

根据"基本生产成本"明细账及产品成本计算表,编制产成品入库的会计分录如下:

借:库存商品——甲产品　　　　　　　　　　　　219 750.00
借:库存商品——乙产品　　　　　　　　　　　　206 800.00
借:库存商品——丙产品　　　　　　　　　　　　 31 980.00
　贷:基本生产成本——65 批别　　　　　　　　　219 750.00
　贷:基本生产成本——66 批别　　　　　　　　　206 800.00
　贷:基本生产成本——67 批别　　　　　　　　　 31 980.00

习题三　练习简化分批法的核算

1. 设置并登记"基本生产成本——第一车间"二级明细账及其所属的三级明细账。

根据资料设置并登记"基本生产成本——第一车间"二级明细账及其所属的三级明细账,并将生产费用在完工产品与月末在产品之间进行分配,如图表题解 5-17 至图表题解 5-21 所示。

图表题解 5-17

"基本生产成本"二级明细账

账户名称:第一车间   金额单位:元

2017年		摘 要	直接材料	生产工时(小时)	直接人工	燃料及动力	制造费用	合 计
月	日							
3	1	期初在产品	361 570.00	2 000	83 856.00	19 792.00	41 552.00	506 770.00
	31	本月发生	410 320.00	6 400	269 952.00	63 872.00	133 504.00	877 648.00
	31	累计数	771 890.00	8 400	353 808.00	83 664.00	175 056.00	1 384 418.00
3	31	全部产品累计间接计入费用分配率	—	—	42.12	9.96	20.84	—
		结转完工产品成本	373 100.00	5 050	212 706.00	50 298.00	105 242.00	741 346.00
3	31	期末在产品	398 790.00	3 350	141 102.00	33 366.00	69 814.00	643 072.00

$$\text{全部产品直接人工累计间接计入费用分配率} = \frac{353\,808.00}{8\,400} = 42.12$$

$$\text{全部产品燃料及动力累计间接计入费用分配率} = \frac{83\,664.00}{8\,400} = 9.96$$

$$\text{全部产品制造费用累计间接计入费用分配率} = \frac{175\,056.00}{8\,400} = 20.84$$

图表题解 5-18

"基本生产成本"三级明细账

投产批量:10 台

产品批别:111   产品名称:A产品   金额单位:元

2017年		摘 要	直接材料	生产工时(小时)	直接人工	燃料及动力	制造费用	费用合计
月	日							
3	1	期初在产品	180 400.00	1 200				
	31	本月发生		1 000				
	31	累计数及累计间接计入费用分配率	180 400.00	2 200	42.12	9.96	20.84	
	31	生产费用合计	180 400.00		92 664.00	21 912.00	45 848.00	340 824.00
	31	完工10台产品转出	180 400.00	2 200	92 664.00	21 912.00	45 848.00	340 824.00
3	31	期末在产品	-0-	-0-				-0-

图表题解 5-19

"基本生产成本"三级明细账

产品批别：112　　产品名称：B产品

投产批量：9台
金额单位：元

2017年		摘要	直接材料	生产工时（小时）	直接人工	燃料及动力	制造费用	费用合计
月	日							
3	1	期初在产品	181 170.00	800				
	31	本月发生		1 350				
	31	累计数及累计间接计入费用分配率	181 170.00	2 150	42.12	9.96	20.84	
	31	生产费用合计	181 170.00		90 558.00	21 414.00	44 806.00	337 948.00
	31	完工6台产品转出	120 780.00	1 600	67 392.00	15 936.00	33 344.00	237 452.00
3	31	期末在产品	60 390.00	550				

图表题解 5-20

"基本生产成本"三级明细账

产品批别：113　　产品名称：C产品

投产批量：12台
金额单位：元

2017年		摘要	直接材料	生产工时（小时）	直接人工	燃料及动力	制造费用	费用合计
月	日							
3	31	本月发生	215 760.00	2 550				
		累计数及累计间接计入费用分配率	215 760.00	2 550	42.12	9.96	20.84	
	31	生产费用合计	215 760.00		107 406.00	25 398.00	53 142.00	401 706.00
	31	完工4台产品转出	71 920.00	1 250	52 650.00	12 450.00	26 050.00	163 070.00
3	31	期末在产品	143 840.00	1 300				

图表题解 5-21

"基本生产成本"三级明细账

产品批别：114　　产品名称：D产品

投产批量：11台
金额单位：元

2017年		摘要	直接材料	生产工时（小时）	直接人工	燃料及动力	制造费用	费用合计
月	日							
3	31	本月发生	194 560.00	1 500				

2. 编制结转完工产品成本的会计分录。

根据"基本生产成本"三级明细账计算的完工产品成本,编制结转完工产品生产成本的会计分录如下:

借:库存商品——A产品	340 824.00
借:库存商品——B产品	237 452.00
借:库存商品——C产品	163 070.00
贷:基本生产成本——111批别	340 824.00
贷:基本生产成本——112批别	237 452.00
贷:基本生产成本——113批别	163 070.00

习题四 练习逐步结转分步法的核算

1. 登记"基本生产成本——第一步骤"明细账和"自制半成品——A半成品"明细账及编制相应的会计分录。

(1) 登记"基本生产成本——第一步骤"明细账如图表题解5-22所示,并据以编制第一步骤自制半成品完工验收入库的会计分录。

图表题解5-22

"基本生产成本"明细账

生产步骤:第一步骤
半成品名称:A半成品   单位:元

2017年		摘 要	直接材料	直接人工	燃料及动力	制造费用	合 计
月	日						
3	1	月初在产品成本	48 360.00	5 340.00	1 340.00	2 660.00	57 700.00
	31	本月生产费用合计	265 020.00	60 680.00	15 165.00	30 465.00	371 330.00
3	31	生产费用合计	313 380.00	66 020.00	16 505.00	33 125.00	429 030.00
	31	结转完工半成品成本	289 200.00	63 360.00	15 840.00	31 800.00	400 200.00
3	31	月末在产品成本	24 180.00	2 660.00	665.00	1 325.00	28 830.00

借:自制半成品——A半成品	400 200.00
贷:基本生产成本——第一步骤	400 200.00

(2) 登记"自制半成品——A半成品"明细账如图表题解5-23所示,并据以编制自制半成品领用的会计分录。

借:基本生产成本——第二步骤	333 555.00
贷:自制半成品——A半成品	333 555.00

图表题解 5-23

"自制半成品"明细账

自制半成品名称：A 半成品

计量单位：件
金额单位：元

2017年		摘要	收入			发出			结存		
月	日		数量	单价	金额	数量	单价	金额	数量	单价	金额
3	1	期初余额							100	334.05	33 405.00
	31	入库	1 200	333.50	400 200.00				1 300		433 605.00
	31	领用				100	334.05	33 405.00			
		领用				900	333.50	300 150.00	300	333.50	100 050.00
3	31	本期发生额及余额	1 200		400 200.00	1 000		333 555.00	300	333.50	100 050.00

2. 登记"基本生产成本——第二步骤"明细账和"自制半成品——B 半成品"明细账及编制相应的会计分录。

（1）登记"基本生产成本——第二步骤"明细账如图表题解 5-24 所示，并据以编制第二步骤自制半成品完工验收入库的会计分录。

图表题解 5-24

"基本生产成本"明细账

生产步骤：第二步骤

半成品名称：B 半成品

单位：元

2017年		摘要	自制半成品	直接人工	燃料及动力	制造费用	合计
月	日						
3	1	月初在产品成本	100 215.00	14 400.00	3 495.00	6 960.00	125 070.00
	31	本月生产费用合计	333 555.00	55 040.00	13 025.00	25 840.00	427 460.00
	31	生产费用合计	433 770.00	69 440.00	16 520.00	32 800.00	552 530.00
	31	结转完工半成品成本	366 960.00	59 840.00	14 190.00	28 160.00	469 150.00
3	31	月末在产品成本	66 810.00	9 600	2 330.00	4 640.00	83 380.00

借：自制半成品——B 半成品　　　　　　　　　469 150.00
　　贷：基本生产成本——第二步骤　　　　　　　　　469 150.00

（2）登记"自制半成品——B 半成品"明细账如图表题解 5-25 所示，并据以编制自制半成品领用的会计分录。

图表题解 5-25

"自制半成品"明细账

计量单位：件
金额单位：元

自制半成品名称：B半成品

2017年		摘要	收入			发出			结存		
月	日		数量	单价	金额	数量	单价	金额	数量	单价	金额
3	1	期初余额							200	426.80	85 360.00
	31	入库	1 100	426.50	469 150.00				1 300		554 510.00
	31	领用				200	426.80	85 360.00			
	31	领用				1 000	426.50	426 500.00	100	426.50	42 650.00
3	31	本期发生额及余额	1 100		469 150.00	1 200		511 860.00	100		42 650.00

借：基本生产成本——第三步骤　　　　　　　　　　511 860.00
　　贷：自制半成品——B半成品　　　　　　　　　　　511 860.00

3. 登记"基本生产成本——第三步骤"明细账如图表题解 5-26 所示，并据以编制产品验收入库的会计分录。

图表题解 5-26

"基本生产成本"明细账

生产步骤：第三步骤
产品名称：甲产品

单位：元

2017年		摘要	自制半成品	直接人工	燃料及动力	制造费用	合计
月	日						
3	1	月初在产品成本	21 340.00	2 140.00	510.00	1 065.00	25 055.00
	31	本月生产费用合计	511 860.00	52 120.00	13 050.00	26 110.00	603 140.00
	31	生产费用合计	533 200.00	54 260.00	13 560.00	27 175.00	628 195.00
	31	结转完工产品成本	426 500.00	44 600.00	11 180.00	22 400.00	504 680.00
3	31	月末在产品成本	106 700.00	9 660.00	2 380.00	4 775.00	123 515.00

借：库存商品——甲产品　　　　　　　　　　　　504 680.00
　　贷：基本生产成本——第三步骤　　　　　　　　　504 680.00

4. 编制产品成本还原计算表。

(1) 将计算的完工产品成本用成本还原率法编制产品成本还原计算表如图表题解 5-27 所示。

$$第一次成本还原率 = \frac{426\,500}{469\,150} = 0.909\,1$$

$$第二次成本还原率 = \frac{333\,603}{400\,200} = 0.833\,6$$

(2) 将计算的完工产品成本用项目比重还原法编制产品成本还原计算表如图表题解 5-28 所示。

图表题解 5-27

产品成本还原计算表

产品名称：甲产品　　2017年3月31日　　产量：1 000件　　金额单位：元

项　目	行　次	A半成品	B半成品	直接材料	直接人工	燃　料及动力	制造费用	合　计
还原前产品成本	(1)	426 500.00			44 600.00	11 180.00	22 400.00	504 680.00
本月第二生产步骤完工半成品成本	(2)		366 960.00		59 840.00	14 190.00	28 160.00	469 150.00
第一次成本还原	(3)=(2)×成本还原率	−426 500.00	333 603.00		54 401.00	12 900.00	25 596.00	0
本月第一生产步骤完工半成品成本	(4)			289 200.00	63 360.00	15 840.00	31 800.00	400 200.00
第二次成本还原	(5)=(4)×成本还原率		−333 603.00	241 077.00	52 817.00	13 204.00	26 505.00	0
还原后产成品总成本	(6)=(1)+(3)+(5)			241 077.00	151 818.00	37 284.00	74 501.00	504 680.00
还原后产成品单位成本	(7)=(6)/1 000			241.077	151.818	37.284	74.501	504.68

图表题解 5-28

产品成本还原计算表

产品名称:甲产品　　　2017年3月31日　　　产量:1 000件　金额单位:元

项　目	行　次	半成品	直接材料	直接人工	燃料及动力	制造费用	合　计
本月经二步骤完工半成品成本	(1)	366 960.00		59 840.00	14 190.00	28 160.00	469 150.00
本月第二步骤完工半成品成本项目占总成本比重	(2)	78.22%		12.76%	3.02%	6.00%	100%
还原前产成品成本	(3)	426 500.00	44 600.00	54 421.40	11 180.00	22 400.00	504 680.00
对产成品所耗半成品成本还原	(4)=426 500×(2)	333 608.30		54 421.40	12 880.30	25 590.00	426 500.00
本月第一步骤完工半成品成本	(5)		289 200.00	63 360.00	15 840.00	31 800.00	400 200.00
本年第一步骤完工半成品成本项目占总成本比重	(6)		72.26%	15.83%	3.96%	7.95%	100%
对第二步骤所耗半成品成本还原	(7)=333 608.30×(6)		241 065.36	52 810.19	13 210.89	26 521.86	333 608.30
还原后产成品总成本	(8)=(3)+(4)+(7)		241 065.36	151 831.59	37 271.19	74 511.86	504 680.00
还原后产成品单位成本	$(9)=\dfrac{(8)}{1\,000}$		241.07	151.83	37.27	74.51	504.68

习题五 练习平行结转分步法的核算

1. 登记"基本生产成本——第一步骤"明细账并编制 A 部件"产品成本计算表"。

(1) 登记"基本生产成本——第一步骤"明细账。如图表题解 5-29 所示。

图表题解 5-29

"基本生产成本"明细账

生产步骤：第一步骤
自制半成品名称：A 部件　　　　　　　　　　　　　　　　　　　　　　　　　单位：元

2017年		摘　要	直接材料	直接人工	燃料及动力	制造费用	合　计
月	日						
3	1	月初在产品成本	30 784.00	11 447.00	2 886.00	5 720.00	50 837.00
	31	本月生产费用	159 680.00	78 410.00	19 770.00	39 238.00	297 098.00
	31	生产费用合计	190 464.00	89 857.00	22 656.00	44 958.00	347 935.00
	31	结转完工产品成本	153 600.00	76 150.00	19 200.00	38 100.00	287 050.00
3	31	月末在产品成本	36 864.00	13 707.00	3 456.00	6 858.00	60 885.00

(2) 根据登记的"基本生产成本——第一步骤"明细账，采用约当产量法编制 A 部件的产品成本计算表，如图表题解 5-30 所示。

图表题解 5-30

产品成本计算表

产品名称：A 部件　　　　2017 年 3 月 31 日　　　　产量：1 000 件　　金额单位：元

成本项目	月初在产品成本	本月生产费用	生产费用合计	生产费用分配率	计入完工产品部分		月末在产品部分	
					数量	金额	数量	金额
(1)	(2)	(3)	(4)=(2)+(3)	(5)=(4)/((6)+(8))	(6)	(7)=(6)×(5)	(8)	(9)=(8)×(5)
直接材料	30 784.00	159 680.00	190 464.00	153.60	1 000	153 600.00	240	36 864.00
直接人工	11 447.00	78 410.00	89 857.00	76.15	1 000	76 150.00	180	13 707.00
燃料及动力	2 886.00	19 770.00	22 656.00	19.20	1 000	19 200.00	180	3 456.00
制造费用	5 720.00	39 238.00	44 958.00	38.10	1 000	38 100.00	180	6 858.00
合　计	50 837.00	297 098.00	347 935.00	—	—	287 050.00	—	60 885.00

2. 登记"基本生产成本——第二步骤"明细账并编制 B 部件产品成本计算表。

(1) 登记"基本生产成本——第二步骤"明细账如图表题解 5-31 所示。

图表题解 5-31

"基本生产成本"明细账

生产步骤：第二步骤　　　　　　　　　　　　　自制半成品名称：B 部件
　　　　　　　　　　　　　　　　　　　　　　单位：元

2017年		摘　要	直接材料	直接人工	燃料及动力	制造费用	合　计
月	日						
3	1	月初在产品成本	34 785.00	13 912.00	3 478.00	6 946.00	59 121.00
	31	本月生产费用	106 460.00	53 420.00	13 355.00	26 658.00	199 893.00
	31	生产费用合计	141 245.00	67 332.00	16 833.00	33 604.00	259 014.00
	31	结转完工产品成本	108 650.00	54 300.00	13 575.00	27 100.00	203 625.00
3	31	月末在产品成本	32 595.00	13 032.00	3 258.00	6 504.00	55 389.00

(2) 根据登记的"基本生产成本——第二步骤"明细账，采用约当产量法编制的 B 部件产品成本计算表如图表题解 5-32 所示。

图表题解 5-32

产品成本计算表

产品名称：B 部件　　　　2017 年 3 月 31 日　　　　产量：500 件
　　　　　　　　　　　　　　　　　　　　　　　　金额单位：元

成本项目	月初在产品成本	本月生产费用	生产费用合计	生产费用分配率	计入完工产品部分		月末在产品部分	
					数量(件)	金　额	数量(件)	金　额
(1)	(2)	(3)	(4)= (2)+(3)	(5)= $\frac{(4)}{(6)+(8)}$	(6)	(7)= (6)×(5)	(8)	(9)= (8)×(5)
直接材料	34 785.00	106 460.00	141 245.00	217.30	500	108 650.00	150	32 595.00
直接人工	13 912.00	53 420.00	67 332.00	108.60	500	54 300.00	120	13 032.00
燃料及动力	3 478.00	13 355.00	16 833.00	27.15	500	13 575.00	120	3 258.00
制造费用	6 946.00	26 658.00	33 604.00	54.20	500	27 100.00	120	6 504.00
合　计	59 121.00	199 893.00	259 014.00			203 625.00		55 389.00

3. 登记"基本生产成本——第三步骤"明细账并编制甲产品成本计算表。

(1) 登记"基本生产成本——第三步骤"明细账如图表题解 5-33 所示。

图表题解 5-33

基本生产成本明细账

生产步骤：第三步骤

产成品名称：甲产品
单位：元

2017年		摘 要	直接材料	直接人工	燃料及动力	制造费用	合 计
月	日						
3	1	月初在产品成本	12 710.00	14 142.00	3 536.00	7 058.00	37 446.00
	31	本月生产费用	27 680.00	44 610.00	11 152.00	22 254.00	105 696.00
	31	生产费用合计	40 390.00	58 752.00	14 688.00	29 312.00	143 142.00
	31	结转完工产品成本	28 850.00	45 900.00	11 475.00	22 900.00	109 125.00
3	31	月末在产品成本	11 540.00	12 852.00	3 213.00	6 412.00	34 017.00

（2）根据登记的"基本生产成本——第三步骤"明细账，采用约当产量法编制的甲产品产品成本计算表如图表题解 5-34 所示。

图表题解 5-34

产品成本计算表

产品名称：甲产品　　　　　　2017年3月31日

产量：500件
金额单位：元

成本项目	月初在产品成本	本月生产费用	生产费用合计	生产费用分配率	计入完工产品部分		月末在产品部分	
					数量(件)	金额	数量(件)	金额
(1)	(2)	(3)	(4)=(2)+(3)	(5)=(4)/((6)+(8))	(6)	(7)=(6)×(5)	(8)	(9)=(8)×(5)
直接材料	12 710.00	27 680.00	40 390.00	57.70	500	28 850.00	200	11 540.00
直接人工	14 142.00	44 610.00	58 752.00	91.80	500	45 900.00	140	12 852.00
燃料及动力	3 536.00	11 152.00	14 688.00	22.95	500	11 475.00	140	3 213.00
制造费用	7 058.00	22 254.00	29 312.00	45.80	500	22 900.00	140	6 412.00
合 计	37 446.00	105 696.00	143 142.00	—		109 125.00		34 017.00

4．编制产成品成本汇总计算表并编制会计分录。

（1）根据图表题解 5-30、图表题解 5-32 和图表题解 5-34 产品成本计算表编制产成品成本汇总计算表如图表题解 5-35 所示。

图表题解 5-35

产成品成本汇总计算表

产品名称：甲产品　　　　2017 年 3 月 31 日　　　　　　　　产量：500 件
　　　　　　　　　　　　　　　　　　　　　　　　　　　　　　单位：元

项　　目	直接材料	直接人工	燃　料及动力	制造费用	合　　计
第一生产步骤计入的数额	153 600.00	76 150.00	19 200.00	38 100.00	287 050.00
第二生产步骤计入的数额	108 650.00	54 300.00	13 575.00	27 100.00	203 625.00
第三生产步骤计入的数额	28 850.00	45 900.00	11 475.00	22 900.00	109 125.00
产成品总成本	291 100.00	176 350.00	44 250.00	88 100.00	599 800.00
产成品单位成本	582.20	352.70	88.50	176.20	1 199.60

（2）根据产成品成本汇总计算表的数据编制完工甲产品验收入库的会计分录。

　　借：库存商品——甲产品　　　　　　　　　　　　599 800.00
　　　　贷：基本生产成本——第一生产步骤　　　　　　287 050.00
　　　　　　基本生产成本——第二生产步骤　　　　　　203 625.00
　　　　　　基本生产成本——第三生产步骤　　　　　　109 125.00

第六章　产品成本计算的辅助方法

概 念 题

一、是非题

1．对　2．错　3．对　4．错　5．对　6．错　7．对　8．错　9．错　10．对　11．错　12．错　13．对　14．错　15．错　16．对

二、单项选择题

1．B　2．C　3．D　4．C　5．B　6．A　7．B　8．A

三、多项选择题

1．ACD　2．BCD　3．ABC　4．ABCD　5．ABC　6．ACD　7．BC　8．ABCD　9．ABCD　10．AB

练 习 题

习题一　练习分类法的核算

1．确定各种产品的单位系数和总系数。

（1）确定各种产品的单位系数

$$B产品原材料费用系数=\frac{246}{205}=1.2$$

$$C产品原材料费用系数=\frac{184.50}{205}=0.9$$

$$B产品加工费用系数=\frac{3}{2.5}=1.2$$

$$C产品加工费用系数=\frac{2.25}{2.5}=0.90$$

（2）确定各种产品的总系数，编制产品系数计算表如图表题解6-1所示。

图表题解 6-1

产品系数计算表

产品类别：A 类　　　　2017 年 3 月 31 日

产品	产量(件)	原材料费用		加工费用	
		单位系数	总系数	单位系数	总系数
A 产品	1 000	1	1 000	1	1 000
B 产品	750	1.2	900	1.2	900
C 产品	600	0.9	540	0.90	540
合　计	—		2 440		2 440

2. 用系数分配法计算各种产品的总成本和单位成本。

（1）根据产品系数计算表编制产品各项费用分配率计算表如图表题解 6-2 所示。

图表题解 6-2

产品各项费用分配率计算表

2017 年 3 月 31 日　　　　　　　　　　　　单位：元

项　目	直接材料	直接人工	燃料及动力	制造费用
产品总成本	497 699.00	248 880.00	62 220.00	123 952.00
产品总系数	2 440	2 440	2 440	2 440
费用分配率	203.975	102	25.50	50.80

（2）根据产品各项费用分配率计算表编制各种产品成本计算表如图表题解 6-3 所示。

图表题解 6-3

各种产品成本计算表

产品类别：A 类　　　　2017 年 3 月 31 日　　　　　金额单位：元

项目	产量(件)	分配标准		完工产品总成本					单位成本
		原材料费用总系数	加工费用总系数	直接材料	直接人工	燃料及动力	制造费用	合计	
(1)	(2)	(3)	(4)	(5)=(3)×分配率	(6)=(4)×分配率	(7)=(4)×分配率	(8)=(4)×分配率	(9)=(5)+(6)+(7)+(8)	(10)=$\frac{(9)}{(2)}$
费用分配率	—	—	—	203.975	102.00	25.50	50.80		
A 产品	1 000	1 000	1 000	203 975.00	102 000.00	25 500.00	50 800.00	382 275.00	382.275
B 产品	750	900	900	183 577.50	91 800.00	22 950.00	45 720.00	344 047.50	458.73
C 产品	600	540	540	110 146.50	55 080.00	13 770.00	27 432.00	206 428.50	344.047 5
合　计	2 350	2 440	2 440	497 699.00	248 880.00	62 220.00	123 952.00	932 751.00	—

(3) 根据分配的结果,结转完工产品成本。作会计分录如下:

借:库存商品——A产品　　　　　　　　　　　　　382 275.00
借:库存商品——B产品　　　　　　　　　　　　　344 047.50
借:库存商品——C产品　　　　　　　　　　　　　206 428.50
　　贷:基本生产成本——A类产品　　　　　　　　　　932 751.00

3. 用定额比例法计算各种产品的总成本和单位成本。

(1) 编制产品定额费用与定额工时计算表,如图表题解6-4所示。

图表题解6-4

产品定额费用与定额工时计算表

产品类别:A类　　　　　　2017年3月31日

产　品	产量（件）	原材料定额费用（元）		定　额　工　时（小时）	
		单位费用定额	定额费用	单位工时定额	定额工时
A产品	1 000	205	205 000.00	2.5	2 500
B产品	750	246	184 500.00	3.0	2 250
C产品	600	184.50	110 700.00	2.25	1 350
合　计	2 350	—	500 200.00	—	6 100

(2) 根据产品定额费用与定额工时计算表编制产品各项费用分配率计算表如图表题解6-5所示。

图表题解6-5

产品各项费用分配率计算表

产品类别:甲类　　　　　　2017年3月31日　　　　　　　　　　单位:元

项　　目	直接材料	直接人工	燃料及动力	制造费用
产品总成本	497 699.00	248 880.00	62 220.00	123 952.00
分配标准	500 200.00	6 100.00	6 100.00	6 100.00
费用分配率	0.995	40.80	10.20	20.32

(3) 根据产品定额费用与定额工时计算表和产品各项费用分配率计算表编制各种产品成本计算表如图表题解6-6所示。

图表题解 6-6

各种产品成本计算表

产品类别：A 类　　　　　　　2017 年 3 月 31 日　　　　　　　金额单位：元

项目	产量（件）	分配标准		完工产品总成本					单位成本
		原材料定额费用	产品定额工时（小时）	直接材料	直接人工	燃料及动力	制造费用	合计	
(1)	(2)	(3)	(4)	(5)=(3)×分配率	(6)=(4)×分配率	(7)=(4)×分配率	(8)=(4)×分配率	(9)=(5)+(6)+(7)+(8)	(10)=(9)/(2)
费用分配率	—	—	—	0.995	40.80	10.20	20.32	—	—
甲产品	1 000	205 000.00	2 500	203 975.00	102 000.00	25 500.00	50 800.00	382 275.00	382.275
乙产品	750	184 500.00	2 250	183 577.50	91 800.00	22 950.00	45 720.00	344 047.50	458.73
丙产品	600	110 700.00	1 350	110 146.50	55 080.00	13 770.00	27 432.00	206 428.50	344.047 5
合计	2 350	500 200.00	6 100	497 699.00	248 880.00	62 220.00	123 952.00	932 751.00	—

习题二　练习原材料脱离定额差异的核算

1. 用限额法计算原材料脱离定额差异。

原材料实际消耗量＝500＋6 700－250＝6 950（千克）

原材料定额消耗量＝900×8＝7 200（元）

原材料脱离定额差异＝6 950－7 200＝－250（千克）

2. 用切割核算法计算原材料脱离定额差异。

编制材料切割核算单如图表题解 6-7 所示。

图表题解 6-7

材料切割核算单

计量单位：千克

材料名称：B 材料　　　　　2017 年×月×日　　　　　　材料单价：21 元

发料数量	退回余料数量	材料实际消耗量	废料实际回收量
996	22	954	20

单位消耗定额	单位回收废料定额	应切割成毛坯数量	实际切割成毛坯数量	材料定额消耗总量	废料定额回收总量
16	0.6	60	60	960	36

材料脱离定额差异		废料脱离定额差异			差异原因	操作人
数量	金额	数量	单价（元）	金额（元）	因技术较好，节约了原材料，减少了废料	方明
－6	－126.00	16	1.20	19.20		

3. 用盘存法计算原材料脱离定额差异。

$$本期投产G产品数量=1\,200+200-400=1\,000(件)$$

$$材料定额消耗量=1\,000\times6=6\,000(千克)$$

$$材料实际消耗量=5\,770+300-250=5\,820(千克)$$

$$材料脱离定额数量差异=5\,820-6\,000=-180(千克)$$

$$材料脱离定额金额差异=-180\times10=-1\,800(元)$$

4. 计算 G 产品应分配的材料成本差异。

$$G产品应分配材料成本差异=(6\,000\times10-1\,800)\times-2\%=-1\,164(元)$$

习题三 练习加工费用脱离定额差异的核算

1. 分别计算工时效率人工费用差异、人工费用分配率差异和人工费用脱离定额差异。

$$计划小时人工费用分配率=\frac{116\,160}{1\,100\times2.5}=42.24$$

$$实际小时人工费用分配率=\frac{111\,780}{2\,700}=41.40$$

$$工时效率人工费用差异=(2\,700-2\,750)\times42.24=-2\,112(元)$$

$$人工费用分配率差异=(41.40-42.24)\times2\,700=-2\,268(元)$$

$$人工费用脱离定额差异=-2\,112-2\,268=-4\,380(元)$$

计算结果显示,由于提高工时效率节约了人工费用 2 112 元,由于人工费用计划分配率高于实际分配率而节约了人工费用 2 268 元。

2. 分别计算工时效率燃料及动力差异、燃料及动力分配率差异和燃料及动力脱离定额差异。

计划小时燃料及动力分配率 $=\dfrac{28\,710}{1\,100\times 2.5}=10.44$

实际小时燃料及动力分配率 $=\dfrac{27\,594}{2\,700}=10.22$

工时效率燃料及动力差异 $=(2\,700-2\,750)\times 10.44=-522$（元）

燃料及动力分配率差异 $=(10.22-10.44)\times 2\,700=-594$（元）

燃料及动力脱离定额差异 $=-522-594=-1\,116$（元）

3. 分别计算工时效率制造费用差异、制造费用分配率差异和制造费用脱离定额差异。

计划小时制造费用分配率 $=\dfrac{57\,640}{1\,100\times 2.5}=20.96$

实际小时制造费用分配率 $=\dfrac{55\,512}{2\,700}=20.56$

工时效率制造费用差异 $=(2\,700-2\,750)\times 20.96=-1\,048$（元）

制造费用分配率差异 $=(20.56-20.96)\times 2\,700=-1\,080$（元）

制造费用脱离定额差异 $=-1\,048-1\,080=-2\,128$（元）

习题四 练习定额法的核算

1. 计算月初 B 在产品定额变动差异。

系数 $=\dfrac{192}{200}=0.96$

月初 B 在产品原材料定额变动差异 $=80\,000\times(1-0.96)=3\,200$（元）

2. 登记"基本生产成本——B 产品"明细账。

登记"基本生产成本——B 产品"明细账如图表题解 6-8 所示。并在明细账上分别计算 B 产品应分配的材料成本差异、脱离定额差异分配率、完工产品定额成本、脱离定额差异和完工产品实际成本，并计算月末 200 件 B 在产品定额成本和脱离定额差异。

图表题解 6-8

"基本生产成本"明细账

产品名称：B产品　　　　　　　　　　　　　　　　　　　　　　　　　　　　　单位：元

2017年		摘要	行次	直接材料	直接人工	燃料及动力	制造费用	合计
月	日							
5	1	在产品定额成本	(1)	80 000.00	22 480.00	5 602.00	11 276.00	119 358.00
		在产品脱离定额差异	(2)	−2 736.00	−784.14	−374.80	282.25	4 177.19
		在产品定额成本调整	(3)	−3 200.00				−3 200.00
		在产品定额变动差异	(4)	3 200.00				3 200.00
	31	本月定额成本	(5)	192 000.00	104 140.00	26 056.00	52 100.00	374 296.00
		本月脱离定额差异	(6)	−6 000.00	−3 736.20	−1 749.45	−1 327.50	−12 813.15
		本月材料成本差异	(7)	3 720.00				−3 720.00
		定额成本合计	(8)=(1)+(3)+(5)	268 800.00	126 620.00	31 658.00	63 376.00	490 454.00
		脱离定额差异合计	(9)=(2)+(6)	−8 736.00	−4 520.34	−2 124.25	−1 609.75	−16 990.34
		材料成本差异合计	(10)=(7)	−3 720.00				−3 720.00
		定额变动差异	(11)=(4)	3 200.00				3 200.00
		脱离定额分配率	(12)=(9)/(8)	−0.032 5	−0.035 7	−0.067 1	−0.025 4	—
		完工产品定额成本	(13)	230 400.00	115 440.00	28 860.00	57 780.00	432 480.00
		完工产品脱离差异	(14)=(13)×(12)	−7 488.00	−4 121.21	−1 936.51	−1 467.61	−15 013.33
		完工产品材料成本差异	(15)=(10)	−3 720.00				−3 720.00
		完工产品定额变动差异	(16)=(11)	3 200.00				3 200.00
		结转完工产品实际成本	(17)=(13)+(14)+(15)+(16)	222 392.00	111 318.79	26 923.49	56 312.39	416 946.67
5	31	在产品定额成本	(18)=(8)−(13)	38 400.00	11 180.00	2 798.00	5 596.00	57 974.00
		在产品脱离定额差异	(19)=(9)−(14)	−1 248.00	−399.13	−187.74	−142.14	−1 977.01

习题五 练习联产品成本的计算

1. 用实物量分配法分配 A，B 两种联产品成本。

用实物量分配法编制联产品成本计算表如图表题解 6-9 所示。

图表题解 6-9

联产品成本计算表（实物量分配法）

2017 年 5 月 31 日　　　　　　　　　　　　　　金额单位：元

项 目	产量（件）	分配比例	应 负 担 成 本					单位成本
			直接材料	直接人工	燃料及动力	制造费用	合 计	
联合成本	9 000	—	296 000	147 200	37 600	76 800	557 600	61.96
A 产品	5 400	0.6	177 600	88 320	22 560	46 080	334 560	61.96
B 产品	3 600	0.4	118 400	58 880	15 040	30 720	223 040	61.96

2. 用相对销售价格分配法分配 A，B 两种联产品成本。

用相对销售价格分配法编制联产品成本计算表如图表题解 6-10 所示。

图表题解 6-10

联产品成本计算表（相对销售价格分配法）

2017 年 5 月 31 日　　　　　　　　　　　　　　金额单位：元

项 目	产量（件）	单位售价	销售价格	分配比例	应 负 担 成 本	
					直接材料	直接人工
联合成本	9 000	—	691 200	—	296 000	147 200
A 产品	5 400	88.00	475 200	0.687 5	203 500	101 200
B 产品	3 600	60.00	216 000	0.312 5	92 500	46 000

项 目	应 负 担 成 本			单位成本	毛 利	毛利率（%）
	燃料及动力	制造费用	合 计			
联合成本	37 600	76 800	557 600	—	—	—
A 产品	25 850	52 800	383 350	70.990 7	91 850	19.33
B 产品	11 750	24 000	174 250	48.402 8	41 750	19.33

3. 用净实现价值分配法分配 A，B 两种联产品成本。

用净实现价值分配法编制联产品成本计算表如图表题解 6-11 所示。

图表题解 6-11

联产品成本计算表(净实现价值分配法)

2017 年 5 月 31 日   金额单位:元

项 目	产量(件)	单位售价	销售价格	可归属成本	净实现价值	分配比例	应负担成本 直接材料	应负担成本 直接人工
联合成本	9 000	—	774 000	56 000	718 000	—	296 000	147 200
A产品	5 400	98.00	529 200	44 550	484 650	0.675	199 800	99 360
B产品	3 600	68.00	244 800	11 450	233 350	0.325	96 200	47 840

项 目	应负担成本 燃料及动力	应负担成本 制造费用	应负担成本 合计	全部成本	单位成本	毛利	毛利率(%)
联合成本	37 600	76 800	557 600	613 600	—	—	—
A产品	25 380	51 840	376 380	420 930	77.95	108 270	20.46
B产品	12 220	24 960	181 220	192 670	53.519 4	52 130	21.29

习题六 练习副产品和等级品的计算

1. 分离副产品成本确定主产品成本。

以副产品的销售价格为依据,计算 C 副产品总成本,并按联合成本费用项目比重计算分离 C 副产品成本,确定主产品成本。计算分离的结果如图表题解 6-12 所示。

C 副产品总成本＝1 200×15－796－4＝17 200(元)

图表题解 6-12

主副产品成本计算表

2017 年 5 月 31 日   单位:元

项 目	直接材料	直接人工	燃料及动力	制造费用	合 计
联合成本	420 992	218 592	56 672	113 344	809 600
费用项目比重(%)	52	27	7	14	100
副产品成本	8 944	4 644	1 204	2 408	17 200
主产品成本	412 048	213 948	55 468	110 936	792 400

2. 按实物数量分配计算等级品成本。

按实物数量分配计算 D 产品一级、二级、三级品的成本,编制等级品成本计算表如图表题解 6-13 所示。

图表题解 6-13

等级品成本计算表(按实物数量比例分配)

2017 年 5 月 31 日　　　　　　　　　　　金额单位:元

产品等级	产量(件)	比例(%)	各等级品成本	单位成本	单位售价	单位毛利
(1)	(2)	(3)	(4)	(5)=(4)÷(2)	(6)	(7)=(6)−(5)
一级品	18 000	60	283 500	15.75	20.00	4.25
二级品	9 000	30	141 750	15.75	17.50	1.75
三级品	3 000	10	47 250	15.75	15.00	−0.75
合　计	30 000	100	472 500	—		

3. 按系数分配计算等级品成本。

按系数分配计算 D 产品一级、二级、三级品的成本,编制等级品成本计算表如图表题解 6-14 所示。

图表题解 6-14

等级品成本计算表(按系数比例分配)

2017 年 5 月 31 日

产品等级	产量(件)	单位售价(元)	系　数	标准产量(件)	比例(%)
(1)	(2)	(3)	(4)	(5)=(2)×(4)	(6)
一级品	18 000	20.00	1	18 000	64
二级品	9 000	17.50	0.875	7 875	28
三级品	3 000	15.00	0.75	2 250	8
合　计	30 000	—	—	28 125	100

产品等级	各等级品成本(元)	单位成本(元)	单位毛利(元)	毛利率(%)
(1)	(7)	(8)=(7)÷(2)	(9)=(3)−(8)	(10)=$\frac{(9)}{(3)}$
一级品	302 400	16.80	3.20	16
二级品	132 300	14.70	2.80	16
三级品	37 800	12.60	2.40	16
合　计	472 500	—	—	

第七章 成本报表和成本分析

概 念 题

一、是非题
1. 错 2. 对 3. 错 4. 错 5. 对 6. 错 7. 错 8. 错 9. 对 10. 对

二、单项选择题
1. D 2. B 3. C 4. C

三、多项选择题
1. ACD 2. BCD 3. CD 4. ABD 5. AB 6. ABD

练 习 题

习题一 练习成本报表的编制

编制按产品品种反映的商品产品成本表如图表题解 7-1 所示。

习题二 练习对成本计划完成情况的计算与分析

1. 以表格形式按产品品种分析全部商品产品成本计划的完成情况。
编制"商品产品成本分析表"如图表题解 7-2 所示。
2. 以文字说明形式按产品品种分析全部商品产品成本计划的完成情况。
上列商品产品成本分析表显示：
一是该企业全部商品产品成本实际总成本比计划总成本降低 8 220 元,降低率为 0.67%。
二是全部商品产品成本比计划降低 8 220 元,但从产品品种上看,成本计划完成情况不平衡,其中:可比产品中 A 产品实际成本比计划降低了 5 760 元,成本降低率为 1.32%;B 产品实际成本比计划降低了 7 040 元,成本降低率为 2.18%。A、B 产品构成了可比产品成本降低额 12 800 元,成本降低率为 1.69%,而不可比产品计划超支了 4 580 元,超支率为 0.98%。其中 C 产品实际成本比计划超支 3 300 元,成本超支率为 1.2%;D 产品实际成本比计划超支了 1 280 元,成本超支率为 0.67%。

图表题解 7-1

商品产品成本表（按产品品种反映）

编制单位：天成工厂　　2016 年 12 月　　金额单位：元

产品名称	规格	计量单位	实际产量 本月	实际产量 本年累计	上年实际平均	单位成本 本年计划	单位成本 本月实际 (8)=(12)/(4)	单位成本 本年累计实际平均 (9)=(15)/(5)	本月总成本 按上年实际平均单位成本计算 (10)=(4)×(6)	本月总成本 按本年计划单位成本计算 (11)=(4)×(7)	本月总成本 本月实际 (12)	本年累计总成本 按上年实际平均单位成本计算 (13)=(5)×(6)	本年累计总成本 按本年计划单位成本计算 (14)=(5)×(7)	本年累计总成本 本年实际 (15)
(1)	(2)	(3)	(4)	(5)	(6)	(7)								
可比产品成本									64 982.00	63 687.00	62 438.00	773 200.00	757 800.00	745 000.00
其中：A 产品	(略)	台	310	3 600	123.40	120.90	118.80	119.30	38 254.00	37 479.00	36 828.00	444 240.00	435 240.00	429 480.00
B 产品		台	260	3 200	102.80	100.80	98.50	98.60	26 728.00	26 208.00	25 610.00	328 960.00	322 560.00	315 520.00
不可比产品成本									—	39 300.00	39 334.00	—	497 000.00	471 580.00
C 产品		台	180	2 200		125.00	125.50	126.50	—	22 500.00	22 590.00	—	275 000.00	278 300.00
D 产品		台	140	1 600		120.00	119.60	120.80	—	16 800.00	16 744.00	—	192 000.00	193 280.00
全部商品产品生产成本									64 982.00	102 987.00	101 772.00	773 200.00	1 224 800.00	1 216 580.00

补充资料（本年累计实际数）：

1. 可比产品成本降低额 28 200 元。
2. 可比产品成本降低率 3.65%。

图表题解 7-2

商品产品成本分析表(按产品品种反映)

编制单位：天成工厂　　　　2016 年 12 月　　　　金额单位：元

产品名称	实际产量		实际比计划的差异		各产品的成本差异对总成本影响的百分比(%)
	实际总成本	计划总成本	降低额	降低率(%)	
(1)	(2)	(3)	(4)=(2)−(3)	(5)=$\frac{(4)}{(3)}$	(6)=$\frac{(4)}{\sum(3)}$
可比产品合计	745 000	757 800	12 800	1.69	1.04
其中：A 产品	429 480	435 240	5 760	1.32	0.47
B 产品	315 520	322 560	7 040	2.18	0.57
不可比产品合计	471 580	467 000	−4 580	−0.98	−0.37
其中：C 产品	278 300	275 000	−3 300	−1.20	−0.27
D 产品	193 280	192 000	−1 280	−0.67	−0.10
全部商品产品	1 216 580	1 224 800	8 220	0.67	0.67

习题三　练习可比产品成本降低情况的分析

1. 以图表计算分析可比产品成本降低计划的完成情况。

编制可比产品实际成本与计划成本对照表和可比产品实际成本对照表如图表题解 7-3、图表题解 7-4 所示。

图表题解 7-3

可比产品实际成本与计划成本对照表

编制单位：天成工厂　　　　2016 年 12 月　　　　金额单位：元

可比产品名称	计划产量(台)	单位成本		总成本		成本降低指标	
		上年实际	本年计划	按上年实际单位成本计算	按本年计划单位成本计算	降低额	降低率(%)
A 产品	3 500	123.40	120.90	431 900	423 150	8 750	2.025 9
B 产品	3 000	102.80	100.80	308 400	302 400	6 000	1.945 5
合　计	6 500			740 300	725 550	14 750	1.992 4

图表题解 7-4

可比产品实际成本对照表

编制单位：天成工厂　　　　　　2016 年 12 月　　　　　　金额单位：元

可比产 品名称	实际 产量 （台）	单位成本		总成本		成本降低指标	
		上年 实际	本年 计划	按上年 实际单位 成本计算	按本年 计划单位 成本计算	降低额	降低率 （％）
A 产品	3 600	123.40	119.30	444 240	429 480	14 760	3.322 5
B 产品	3 200	102.80	98.60	328 960	315 520	13 440	4.085 6
合　计	6 800			773 200	745 000	28 200	3.647 2

2. 以文字说明分析可比产品成本降低计划的完成情况。

上列两张对照表显示，天成工厂可比产品的生产成本计划降低额为 14 750 元，实际降低额为 28 200 元；计划降低率为 1.992 4％，实际降低率为 3.647 2％。两次指标都超额完成了任务，其中：成本降低额指标超额完成 13 450 元（28 200－14 750），成本降低率指标超额完成 1.654 8％（3.647 2％－1.992 4％）。

3. 对可比产品成本降低计划的完成情况进行三因素分析。

（1）产量变动因素的影响。

$$\begin{aligned}\text{产量变动对成本}\\\text{降低额的影响}\end{aligned}=[(3\,600-3\,500)\times 123.40+(3\,200-3\,000)\times 102.80]\times 1.992\,4\%$$
$$=655.50（元）$$

（2）产品品种结构变动因素的影响。

$$\begin{aligned}\text{产品品种结构变动对}\\\text{成本降低额的影响}\end{aligned}=(3\,600\times 123.40+3\,200\times 102.80)-(3\,600\times 120.90+3\,200\times$$
$$100.80)-(3\,600\times 123.40+3\,200\times 102.80)\times 1.992\,4\%$$
$$=-5.24（元）$$

$$\begin{aligned}\text{产品品种结构变动对}\\\text{成本降低率的影响}\end{aligned}=\frac{-5.24}{(3\,600\times 123.40+3\,200\times 102.80)}\times 100\%=-0.000\,7\%$$

（3）单位成本变动因素的影响。

$$\begin{aligned}\text{单位成本变动对}\\\text{成本降低额的影响}\end{aligned}=3\,600\times(120.90-119.30)+3\,200\times(100.80-98.60)=12\,800（元）$$

$$\begin{aligned}\text{单位成本变动对}\\\text{成本降低率的影响}\end{aligned}=\frac{12\,800}{3\,600\times 123.40+3\,200\times 102.80}\times 100\%=1.655\,5\%$$

最后，综合各种因素对可比产品成本降低计划完成情况的影响程度，其结果与上述计算相符,如图表题解 7-5 所示。

图表题解 7-5

各因素影响可比产品成本降低程度汇总表

编制单位：天成工厂　　　　　　　　2016 年 12 月

因　　素	影　响　程　度	
	降低额（元）	降低率（%）
产品产量	655.50	
产品品种结构	−5.24	−0.000 7
单位产品成本	12 800.00	1.655 5
成本降低计划完成情况	13 450.26①	1.654 8

① 由于计算上存在尾差,结果与可比产品成本降低计划完成情况分析的结果相差 0.26 元。

习题四　练习对产品单位成本项目的分析

1. 直接材料项目分析。

直接材料项目指标分析如下：

$$\text{单位产品直接材料差异额} = 88.64 - 91 = -2.36（元）$$

$$\text{单位产品直接材料消耗量变动影响额} = (4.80-5.00)\times 12.20 + (2.80-3.00)\times 10 = -4.44（元）$$

$$\text{单位产品直接材料单价变动影响额} = (12.40-12.20)\times 4.80 + (10.40-10.00)\times 2.8 = 2.08（元）$$

A 产品单位产品成本中直接材料降低了 2.36 元,其构成因素为：甲乙两种材料耗用量减少,降低了 4.44 元,而甲、乙两种材料的价格提高,超支了 2.08 元。

2. 直接人工项目分析。

直接人工项目指标分析如下：

$$\text{单位产品直接人工差异额} = 42.56 - 45.10 = -2.54（元）$$

$$\text{单位产品人工效率差异} = (0.95-1.10)\times 41 = -6.15（元）$$

$$\text{单位产品小时人工费用率差异} = (44.80-41)\times 0.95 = 3.61（元）$$

A 产品单位产品成本直接人工降低了 2.54 元,其构成因素为：人工效率提高,降低了 6.15 元,小时人工费用率提高,超支了 3.61 元。

3. 燃料及动力项目分析。

燃料及动力项目指标分析如下：

$$单位产品燃料及动力差异额 = 10.64 - 11.66 = -1.02(元)$$

$$单位产品工时消耗量变动影响 = (0.95 - 1.10) \times 10.60 = -1.59(元)$$

$$\begin{matrix}单位产品小时燃料及\\动力分配率变动的影响\end{matrix} = (11.20 - 10.60) \times 0.95 = 0.57(元)$$

A产品单位产品成本燃料及动力降低了1.02元，其构成因素为工时消耗量减少降低了1.59元，小时燃料及动力分配率提高，超支了0.57元。

4. 制造费用项目分析。

制造费用项目指标分析如下：

$$单位产品制造费用差异额 = 21.47 - 22.44 = -0.97(元)$$

$$单位产品工时消耗量变动影响 = (0.95 - 1.10) \times 20.40 = -3.06(元)$$

$$\begin{matrix}单位产品小时制造费\\用分配率变动的影响\end{matrix} = (22.60 - 20.40) \times 0.95 = 2.09(元)$$

A产品单位产品成本制造费用降低了0.97元，其构成因素为：工时消耗量减少，降低了3.06元，小时制造费用分配率提高，超支了2.09元。

测试题

测 试 题 一

一、是非题(每小题1分,共10分)
1. 对 2. 对 3. 错 4. 错 5. 错 6. 对 7. 对 8. 错 9. 错 10. 错

二、单项选择题(每小题2分,共12分)
1. D 2. B 3. A 4. B 5. D 6. C

三、多项选择题(每小题2分,共12分)
1. ACD 2. ACD 3. BCD 4. ABD 5. ABCD 6. AD

四、分录题(每小题2分,共22分)

1. 借:基本生产成本——A产品　　　　　　　　　　　　2 788.00
   借:基本生产成本——B产品　　　　　　　　　　　 182 000.00
   借:辅助生产成本——修理车间　　　　　　　　　　 20 400.00
   借:制造费用——机物料消耗　　　　　　　　　　　 10 000.00
   借:管理费用　　　　　　　　　　　　　　　　　　　3 000.00
   　贷:原材料　　　　　　　　　　　　　　　　　　 494 200.00

2. 借:材料成本差异　　　　　　　　　　　　　　　　　4 942.00
   　贷:基本生产成本——A产品　　　　　　　　　　　 2 788.00
   　贷:基本生产成本——B产品　　　　　　　　　　　 1 820.00
   　贷:辅助生产成本——修理车间　　　　　　　　　　　204.00
   　贷:制造费用——机物料消耗　　　　　　　　　　　　100.00
   　贷:管理费用　　　　　　　　　　　　　　　　　　　 30.00

3. 借:基本生产成本——A产品　　　　　　　　　　　　12 120.00
   　贷:原材料　　　　　　　　　　　　　　　　　　　12 000.00
   　贷:材料成本差异　　　　　　　　　　　　　　　　　120.00

4. 借:基本生产成本——A产品　　　　　　　　　　　 144 800.00
   借:基本生产成本——B产品　　　　　　　　　　　 103 200.00
   借:辅助生产成本——修理车间　　　　　　　　　　 18 000.00
   借:制造费用——人工费用　　　　　　　　　　　　 15 000.00
   借:销售费用　　　　　　　　　　　　　　　　　　 16 000.00
   借:管理费用　　　　　　　　　　　　　　　　　　 35 000.00
   　贷:应付职工薪酬　　　　　　　　　　　　　　　332 000.00

5. 借：基本生产成本——A产品　　　　　　　　　　　　27 180.00
   借：基本生产成本——B产品　　　　　　　　　　　　18 120.00
   借：辅助生产成本——修理车间　　　　　　　　　　　 3 000.00
   借：制造费用——水电费　　　　　　　　　　　　　　 1 500.00
   借：销售费用　　　　　　　　　　　　　　　　　　　　 900.00
   借：管理费用　　　　　　　　　　　　　　　　　　　 2 300.00
   　贷：应付账款　　　　　　　　　　　　　　　　　　53 000.00

6. 借：制造费用　　　　　　　　　　　　　　　　　　66 000.00
   借：辅助生产成本——修理车间　　　　　　　　　　　 3 500.00
   借：销售费用　　　　　　　　　　　　　　　　　　　1 200.00
   借：管理费用　　　　　　　　　　　　　　　　　　　3 000.00
   　贷：累计折旧　　　　　　　　　　　　　　　　　　73 700.00

7-1 借：制造费用　　　　　　　　　　　　　　　　　　3 000.00
    借：辅助生产成本　　　　　　　　　　　　　　　　　 600.00
    　贷：低值易耗品　　　　　　　　　　　　　　　　 3 600.00

7-2 借：材料成本差异　　　　　　　　　　　　　　　　　 36.00
    　贷：制造费用　　　　　　　　　　　　　　　　　　 30.00
    　贷：辅助生产成本　　　　　　　　　　　　　　　　　6.00

8. 借：基本生产成本——A产品　　　　　　　　　　　　93 600.00
   借：基本生产成本——B产品　　　　　　　　　　　　62 400.00
   　贷：制造费用　　　　　　　　　　　　　　　　　156 000.00

9. 借：废品损失——C产品　　　　　　　　　　　　　　3 390.00
   　贷：基本生产成本——C产品　　　　　　　　　　　3 390.00

10. 借：原材料　　　　　　　　　　　　　　　　　　　　 400.00
    借：基本生产成本——C产品　　　　　　　　　　　　2 990.00
    　贷：废品损失　　　　　　　　　　　　　　　　　 3 390.00

11. 借：库存商品——C产品　　　　　　　　　　　　　338 600.00
    　贷：基本生产成本——C产品　　　　　　　　　　338 600.00

五、核算题（每小题 8 分，共 16 分）

1. 用交互分配法分配辅助生产费用（见图表测试题题解 1-1）。

图表测试题题解 1-1

辅助生产费用分配表

项 目	发电车间			修理车间			合计
	数量（度）	单位成本（分配率）	分配金额（元）	数量（工时）	单位成本（分配率）	分配金额（元）	
待分配辅助生产费用	61 800	0.60	37 080	1 560	30.50	47 580	84 660
交互分配 发电车间			+1 830	−60		−1 830	
交互分配 修理车间	−1 800		−1 080			+1 080	
对外分配辅助生产费用	60 000	0.630 5	37 830	1 500	31.22	46 830	84 660
对外分配 A产品	28 000		17 654				17 654
对外分配 B产品	22 000		13 871				13 871
对外分配 基本生产车间	6 000		3 783	1 450		45 269	49 052
对外分配 行政管理部门	4 000		2 522	50		1 561	4 083

会计分录：

① 借：辅助生产成本——发电车间　　　　　　　　　　　　　1 830.00
　　借：辅助生产成本——修理车间　　　　　　　　　　　　　1 080.00
　　　贷：辅助生产成本——修理车间　　　　　　　　　　　　1 830.00
　　　贷：辅助生产成本——发电车间　　　　　　　　　　　　1 080.00
② 借：基本生产成本——A产品　　　　　　　　　　　　　　17 654.00
　　借：基本生产成本——B产品　　　　　　　　　　　　　　13 871.00
　　借：制造费用　　　　　　　　　　　　　　　　　　　　49 052.00
　　借：管理费用　　　　　　　　　　　　　　　　　　　　 4 083.00
　　　贷：辅助生产成本——发电车间　　　　　　　　　　　 37 830.00
　　　贷：辅助生产成本——修理车间　　　　　　　　　　　 46 830.00

2. 用定额比例法分配完工产品成本和月末在产品成本。

分别计算完工产品与月末在产品的原材料定额成本和定额工时如下：

完工产品原材料定额成本＝300×648＝194 400(元)
月末在产品原材料定额成本＝100×648＝64 800(元)
完工产品定额工时＝300×10＝3 000(小时)
月末在产品定额工时＝100×8＝800(小时)

根据计算结果，用定额比例法编制产品成本计算表如图表测试题题解 1-2 所示。

图表测试题题解 1-2

产品成本计算表

产品名称：B产品　　　　　　2018年3月31日　　　　　　产量：300件　金额单位：元

成本项目	月初在产品成本	本月生产费用	生产费用合计	费用分配率	完工产品成本		月末在产品成本	
					定额	实际成本	定额	实际成本
(1)	(2)	(3)	(4)=(2)+(3)	(5)=$\frac{(4)}{(6)+(8)}$	(6)	(7)=(6)×(5)	(8)	(9)=(8)×(5)
直接材料	51 840.00	204 768.00	256 608.00	0.99	194 400	192 456.00	64 800	64 152.00
直接人工	17 710.00	100 850.00	118 560.00	31.20	3 000	93 600.00	800	24 960.00
燃料及动力	3 688.00	24 660.00	28 348.00	7.46	3 000	22 380.00	800	5 968.00
制造费用	9 865.00	47 705.00	57 570.00	15.15	3 000	45 450.00	800	12 120.00
合　计	83 103.00	377 983.00	461 086.00	—		353 886.00	—	107 200.00

会计分录：

借：库存商品——B产品　　　　　　　　　　　　　353 886.00
　　贷：基本生产成本——B产品　　　　　　　　　　　353 886.00

六、计算题（每小题4分，共8分）

1. 第一道工序完工率＝$\frac{6×40\%}{20}×100\%=12\%$

   第二道工序完工率＝$\frac{6+8×25\%}{20}×100\%=40\%$

   第三道工序完工率＝$\frac{6+8+6×50\%}{20}×100\%=85\%$

   月末在产品加工费用的约当产量＝150×12%＋180×40%＋160×85%＝226(件)

2. 本期投产G产品数量＝1 500＋400－300＝1 600(件)

   材料消耗定额＝1 600×5＝9 000(千克)

   材料实际消耗量＝8 800＋250－290＝8 760(千克)

   材料脱离定额数量差异＝8 760－9 000＝－240(千克)

   材料脱离定额金额差异＝－240×16＝－3 840(元)

七、计算分析题（6分）

分析C产品单位成本直接材料和直接人工成本项目变动对产品单位成本的影响。

直接材料差异额＝160.80－164.80＝－4(元)

材料消耗量变动影响额＝(7.5－8)×16＋(4.2－4)×9.2＝－6.16(元)

材料单价变动影响额＝(16.4－16)×7.5＋(9－9.2)×4.2＝2.16(元)

C产品单位产品直接材料节约了4元,其中:材料消耗量减少,节约了6.16元,材料价格的上涨,超支了2.16元。

直接人工差异额＝49.92－54＝－4.08(元)

人工效率差异＝(1.60－1.80)×30＝－6(元)

小时人工费用差异＝(31.20－30)×1.60＝1.92(元)

C产品单位产品成本直接人工节约了4.08元,其中:人工效率提高,节约了6元,小时人工费用率提高,超支了1.92元。

八、综合题(第1小题10分,第2小题4分,共14分)

1. 用逐步结转分步法计算并结转各生产步骤完工产品成本(见图表测试题题解1-3、图表测试题题解1-4)。

图表测试题题解1-3

"基本生产成本"明细表

半成品名称:E半成品

生产步骤:第一步骤　　　　　　　　　　　　　　　　单位:元

2018年		摘　要	直接材料	直接人工	燃料及动力	制造费用	合　计
月	日						
3	1	月初在产品成本	24 080	4 600	1 680	2 640	33 000
	31	本月生产费用合计	131 960	29 380	9 960	15 960	187 260
	31	生产费用合计	156 040	33 980	11 640	18 600	220 260
	31	结转完工产品成本	144 000	31 680	10 800	17 280	203 760
3	31	月末在产品成本	12 040	2 300	840	1 320	16 500

会计分录:

借:自制半成品——E半成品　　　　　　　　　　　　　　203 760.00
　　贷:基本生产成本——第一步骤　　　　　　　　　　　　　203 760.00
借:基本生产成本——第二步骤　　　　　　　　　　　　　203 760.00
　　贷:自制半成品——E半成品　　　　　　　　　　　　　　203 760.00

图表测试题题解 1-4

"基本生产成本"明细账

产成品名称：A产品
生产步骤：第二步骤　　　　　　　　　　　　　　　　　　　单位：元

2018年		摘　要	自制半成品	直接人工	燃料及动力	制造费用	合　计
月	日						
3	1	月初在产品成本	16 994	2 160	680	1 280	21 114
	31	本月生产费用合计	203 760	34 488	13 180	24 304	275 732
	31	生产费用合计	220 754	36 648	13 860	25 584	296 846
	31	结转完工产品成本	186 766	33 408	12 840	23 664	256 678
3	31	月末在产品成本	33 988	3 240	1 020	1 920	40 168

会计分录：

　　借：库存商品——A产品　　　　　　　　　　　　　　　　256 678.00
　　　　贷：基本生产成本——第二步骤　　　　　　　　　　　256 678.00

2. 根据计算的结果进行成本还原(见图表测试题题解 1-5)。

图表测试题题解 1-5

产品成本还原计算表

产品名称：A产品　　　　　　　　　　　　　　　　　　　　单位：元

项　目	E半成品	直接材料	直接人工	燃料及动力	制造费用	合　计
还原前产品成本	186 766.00		33 408.00	12 840.00	23 664.00	256 678.00
本月第一生产步骤完工半成品成本		144 000.00	31 680.00	10 800.00	17 280.00	203 760.00
成本还原	−186 766.00	131 989.98①	29 037.89	9 899.28	15 838.85	0
还原后产成品总成本		131 989.98	62 445.89	22 739.28	39 502.85	256 678.00
还原后产成品单位成本		119.99	56.77	20.67	35.91	233.34

　　① 计算中的尾差列入该项目。

$$\text{成本还原率} = \frac{186\ 766}{203\ 760} = 0.916\ 6$$

测试题二

一、是非题(每小题 1 分,共 10 分)

1. 错 2. 对 3. 错 4. 错 5. 错 6. 错 7. 对 8. 错 9. 错 10. 对

二、单项选择题(每小题 2 分,共 14 分)

1. C 2. B 3. D 4. D 5. A 6. C

三、多项选择题(每小题 2 分,共 16 分)

1. ACD 2. ACD 3. ABC 4. BCD 5. BD 6. ABD

四、分录题(每小题 2 分,共 20 分)

1. 借：基本生产成本——甲产品　　　　　　　　　　255 000.00
　　借：基本生产成本——乙产品　　　　　　　　　　219 000.00
　　借：辅助生产成本——修理车间　　　　　　　　　 22 000.00
　　借：制造费用——机物料消耗　　　　　　　　　　 12 000.00
　　借：管理费用　　　　　　　　　　　　　　　　　　3 000.00
　　　贷：原材料　　　　　　　　　　　　　　　　　511 000.00

2. 借：基本生产成本——甲产品　　　　　　　　　　　 5 100.00
　　借：基本生产成本——乙产品　　　　　　　　　　　 4 380.00
　　借：辅助生产成本——修理车间　　　　　　　　　　　440.00
　　借：制造费用——机物料消耗　　　　　　　　　　　　240.00
　　借：管理费用　　　　　　　　　　　　　　　　　　　 60.00
　　　贷：材料成本差异　　　　　　　　　　　　　　 10 220.00

3. 借：基本生产成本——甲产品　　　　　　　　　　145 000.00
　　借：基本生产成本——乙产品　　　　　　　　　　123 800.00
　　借：辅助生产成本——修理车间　　　　　　　　　 19 000.00
　　借：制造费用——人工费用　　　　　　　　　　　 16 000.00
　　借：销售费用　　　　　　　　　　　　　　　　　 15 000.00
　　借：管理费用　　　　　　　　　　　　　　　　　 36 000.00
　　　贷：应付职工薪酬　　　　　　　　　　　　　　354 800.00

4. 借：基本生产成本——甲产品　　　　　　　　　　30 300.00
   借：基本生产成本——乙产品　　　　　　　　　　24 240.00
   借：辅助生产成本——修理车间　　　　　　　　　 3 564.00
   借：制造费用——水电费　　　　　　　　　　　　 1 728.00
   借：销售费用　　　　　　　　　　　　　　　　　 1 026.00
   借：管理费用　　　　　　　　　　　　　　　　　 1 782.00
   　　贷：应付账款　　　　　　　　　　　　　　　62 640.00

5-1 借：低值易耗品——在用低值易耗品　　　　　　 1 800.00
　　 贷：低值易耗品——库存低值易耗品　　　　　 1 800.00

5-2 借：材料成本差异　　　　　　　　　　　　　　　 18.00
　　 贷：低值易耗品——在用低值易耗品　　　　　　　18.00

5-3 借：制造费用　　　　　　　　　　　　　　　　　 891.00
　　 贷：低值易耗品——低值易耗品摊销　　　　　　 891.00

6. 借：制造费用　　　　　　　　　　　　　　　　　 3 600.00
   借：辅助生产成本　　　　　　　　　　　　　　　　 400.00
   借：销售费用　　　　　　　　　　　　　　　　　　 300.00
   借：管理费用　　　　　　　　　　　　　　　　　　 500.00
   　　贷：待摊费用　　　　　　　　　　　　　　　 4 800.00

7. 借：基本生产成本——甲产品　　　　　　　　　　93 750.00
   借：基本生产成本——乙产品　　　　　　　　　　75 000.00
   　　贷：制造费用　　　　　　　　　　　　　　 168 750.00

8. 借：废品损失——丙产品　　　　　　　　　　　　 4 170.00
   　　贷：原材料　　　　　　　　　　　　　　　　 1 800.00
   　　贷：应付职工薪酬　　　　　　　　　　　　　 1 400.00
   　　贷：应付账款　　　　　　　　　　　　　　　　 320.00
   　　贷：制造费用　　　　　　　　　　　　　　　　 650.00

9. 借：其他应收款　　　　　　　　　　　　　　　　　834.00
   　　贷：废品损失——丙产品　　　　　　　　　　　834.00

10. 借：基本生产成本——丙产品　　　　　　　　　 3 336.00
　　 贷：废品损失——丙产品　　　　　　　　　　 3 336.00

五、核算题(10分)

用计划成本法分配辅助生产费用(见图表测试题题解2-1)。

图表测试题题解 2-1

辅助生产费用分配表

2018 年 3 月 31 日　　　　　　　　　　　　　　　　金额单位:元

项目		计划成本分配			调整分配			合计
		发电车间	修理车间	小计	发电车间	修理车间	小计	
待分配辅助生产费用		34 610.00	48 840.00	83 450.00	－2 500.00	1 200.00	－1 300.00	
产品或劳务供应量		65 000	1 560		62 500	1 500		
计量标准		度	工时					
单位成本(分配率)		0.60	31.50		－0.04	0.80		
发电车间	耗用数量		60					
	分配金额		1 890.00	1 890.00				1 890.00
修理车间	耗用数量	2 500						
	分配金额	1 500.00		1 500.00				1 500.00
A产品	耗用数量	30 000			30 000			
	分配金额	18 000.00		18 000.00	－1 200.00		－1 200.00	16 800.00
B产品	耗用数量	26 000			26 000			
	分配金额	15 600.00		15 600.00	－1 040.00		－1 040.00	14 560.00
基本生产车间	耗用数量	3 000	1 460		3 000	1 460		
	分配金额	1 800.00	45 990.00	47 790.00	－120	1 168.00	1 048.00	48 838.00
行政管理部门	耗用数量	3 500	40		3 500	40		
	分配金额	2 100.00	1 260.00	3 360.00	－140.00	32.00	－108.00	3 252.00
合计		39 000.00	49 140.00	88 140.00	－2 500.00	1 200.00	－1 300.00	86 840.00

发电车间实际成本＝34 610＋1 890＝36 500(元)

修理车间实际成本＝48 840＋1 500＝50 340(元)

发电车间的成本差异＝36 500－39 000＝－2 500(元)

修理车间的成本差异＝50 340－49 140＝1 200(元)

会计分录:

借：辅助生产成本——发电车间	1 890.00
借：辅助生产成本——修理车间	1 500.00
借：基本生产成本——A产品	16 800.00
借：基本生产成本——B产品	14 560.00
借：制造费用	48 838.00
借：管理费用	3 252.00
贷：辅助生产成本——发电车间	36 500.00
贷：辅助生产成本——修理车间	50 340.00

六、计算题（每小题 4 分，共 8 分）

1. 计算人工费用脱离定额差异。

计划小时人工费用分配率 $=\dfrac{173\,880}{900\times 6}=32.20$

实际小时人工费用分配率 $=\dfrac{171\,216}{5\,220}=32.80$

工时效率人工费用差异 $=(5\,220-5\,400)\times 32.20=-5\,796$（元）

人工费用分配率差异 $=(32.80-32.20)\times 5\,220=3\,132$（元）

人工费用脱离定额差异 $=-5\,796+3\,132=-2\,664$（元）

2. 用相对销售价格分配法分配计算联产品成本和单位成本（见图表测试题题解 2-2）。

图表测试题题解 2-2

联产品成本计算表

金额单位：元

项　目	产量（千克）	单位售价	销售价格	分配比例
联合成本	12 000	—	450 000.00	—
甲产品	7 500	39.00	292 500.00	0.65
乙产品	4 500	35.00	157 500.00	0.35

项　目	应负担成本					单位成本
	直接材料	直接人工	燃料及动力	制造费用	合计	
联合成本	198 000.00	102 000.00	18 000.00	42 000.00	360 000.00	—
甲产品	128 700.00	66 300.00	11 700.00	27 300.00	234 000.00	31.20
乙产品	69 300.00	35 700.00	6 300.00	14 700.00	126 000.00	28.00

七、计算分析题(每小题 5 分,共 10 分)

1. 用数字和文字分析可比产品成本降低计划的完成情况。

按上年实际单位成本计算的计划成本 $= 1\,000 \times 515 + 600 \times 408 = 759\,800$(元)

按本年计划单位成本计算的计划成本 $= 1\,000 \times 500 + 600 \times 400 = 740\,000$(元)

计划成本降低额 $= 759\,800 - 740\,000 = 19\,800$(元)

计划成本降低率 $= \dfrac{19\,800}{759\,800} \times 100\% = 2.606\%$

按上年实际单位成本计算的实际成本 $= 1\,100 \times 515 + 560 \times 408 = 794\,980$(元)

按本年实际单位成本计算的实际成本 $= 1\,100 \times 492 + 560 \times 402 = 766\,320$(元)

实际成本降低额 $= 794\,980 - 766\,320 = 28\,660$(元)

实际成本降低率 $= \dfrac{28\,660}{794\,980} \times 100\% = 3.605\%$

计算结果显示,该厂甲产品计划成本降低额为 19 800 元,而实际成本降低额为 28 660 元,超额完成了 8 860 元;计划成本降低率为 2.606%,而实际成本降低率为 3.605%,超额完成了 0.999%。

2. 对可比产品降低计划的完成情况进行三因素分析。

产量变动对成本降低额的影响 $= [(1\,100 - 1\,000) \times 515 + (560 - 600) \times 408] \times 2.606\% = 916.79$(元)

产品品种结构变动对成本降低额的影响 $= (1\,100 \times 515 + 560 \times 408) - (1\,100 \times 500 + 560 \times 400) -$
$(1\,100 \times 515 + 560 \times 408) \times 2.606\% = 262.82$(元)

产品品种结构变动对成本降低率的影响 $= \dfrac{262.82}{1\,100 \times 515 + 560 \times 408} \times 100\% = 0.033\%$

单位成本变动对成本降低额的影响 $= 1\,100 \times (500 - 492) + 560 \times (400 - 402) = 7\,680$(元)

单位成本变动对成本降低率的影响 $= \dfrac{7\,680}{1\,100 \times 515 + 560 \times 408} \times 100\% = 0.966\%$

计算结果显示,单位成本降低是成本降低的主要因素,它使实际成本比计划成本降低了 7 680 元,产生了 0.966% 的成本降低率。

八、综合题(第 1 小题 12 分,第 2 小题 4 分,共 16 分)

1. 用平行结转法计算各生产步骤完工产品与月末在产品成本(见图表测试题题解 2-3 至图表测试题题解 2-5)。

图表测试题题解 2-3

产品成本计算表 产量：800 件

产品名称：P 部件　　2018 年 3 月 31 日　　金额单位：元

成本项目	月初在产品成本	本月生产费用	生产费用合计	生产费用分配率	计入完工产品部分 数量（件）	计入完工产品部分 金额	月末在产品部分 数量（件）	月末在产品部分 金额
直接材料	15 280	68 540	83 820	76.20	800	60 960	300	22 860
直接人工	4 500	32 348	36 848	37.60	800	30 080	180	6 768
燃料及动力	1 284	9 300	10 584	10.80	800	8 640	180	1 944
制造费用	2 452	17 540	19 992	20.40	800	16 320	180	3 672
合　计	23 516	127 728	151 244	—	—	116 000	—	35 244

图表测试题题解 2-4

产品成本计算表 产量：400 件

产品名称：Q 部件　　2018 年 3 月 31 日　　金额单位：元

成本项目	月初在产品成本	本月生产费用	生产费用合计	生产费用分配率	计入完工产品部分 数量（件）	计入完工产品部分 金额	月末在产品部分 数量（件）	月末在产品部分 金额
直接材料	29 490	88 470	117 960	196.60	400	78 640	200	39 320
直接人工	6 640	37 560	44 200	88.40	400	35 360	100	8 840
燃料及动力	1 920	10 880	12 800	25.60	400	10 240	100	2 560
制造费用	3 800	21 400	25 200	50.40	400	20 160	100	5 040
合　计	41 850	158 310	200 160	—	—	144 000	—	55 760

图表测试题题解 2-5

产品成本计算表 产量：400 件

产品名称：A 部件　　2018 年 3 月 31 日　　金额单位：元

成本项目	月初在产品成本	本月生产费用	生产费用合计	生产费用分配率	计入完工产品部分 数量（件）	计入完工产品部分 金额	月末在产品部分 数量（件）	月末在产品部分 金额
直接材料	4 160	5 850	10 010	18.20	400	7 280	150	2 730
直接人工	8 580	13 804	22 384	43.20	400	17 200	120	5 184
燃料及动力	2 265	3 663	5 928	11.40	400	4 560	120	1 368
制造费用	4 545	7 337	11 882	22.85	400	9 140	120	2 742
合　计	19 550	30 654	50 204	—	—	38 180	—	12 024

2. 根据上题计算结果,编制产成品成本汇总计算表(见图表测试题题解 2-6),并结转完工产成品成本。

图表测试题题解 2-6

产成品成本汇总计算表

产品名称：A 产品　　　　2018 年 3 月 31 日　　　　产量：400 件　　单位：元

项　目	直接材料	直接人工	燃料及动力	制造费用	合　计
第一生产步骤计入的数额	60 960.00	30 080.00	8 640.00	16 320.00	116 000.00
第二生产步骤计入的数额	78 640.00	35 360.00	10 240.00	20 160.00	144 400.00
第三生产步骤计入的数额	7 280.00	17 200.00	4 560.00	9 140.00	38 180.00
产成品总成本	146 880.00	82 640.00	23 440.00	45 620.00	298 580.00
产成品单位成本	367.20	206.60	58.60	114.05	746.45

会计分录：

　　借：库存商品——A 产品　　　　　　　　　　298 580.00
　　　　贷：基本生产成本——第一步骤　　　　　116 000.00
　　　　　　基本生产成本——第二步骤　　　　　144 400.00
　　　　　　基本生产成本——第三步骤　　　　　 38 180.00

测试题三

一、是非题(每小题1分,共10分)
1. 对 2. 错 3. 对 4. 错 5. 错 6. 错 7. 对 8. 错 9. 对 10. 错

二、单项选择题(每小题2分,共12分)
1. B 2. D 3. C 4. B 5. C 6. D

三、多项选择题(每小题2分,共12分)
1. ABCD 2. ABD 3. ACD 4. ABD 5. ABC 6. BCD

四、分录题(每小题2分,共18分)

1. 借:基本生产成本——A产品　　　　　　　　　　　　312 000.00
   借:基本生产成本——B产品　　　　　　　　　　　　226 000.00
   借:辅助生产成本——发电车间　　　　　　　　　　　15 000.00
   借:制造费用——机物料消耗　　　　　　　　　　　　12 000.00
   借:管理费用　　　　　　　　　　　　　　　　　　　 3 000.00
   　贷:原材料　　　　　　　　　　　　　　　　　　　568 000.00

2. 借:基本生产成本——A产品　　　　　　　　　　　　152 640.00
   借:基本生产成本——B产品　　　　　　　　　　　　114 480.00
   借:辅助生产成本——发电车间　　　　　　　　　　　16 000.00
   借:制造费用　　　　　　　　　　　　　　　　　　　17 200.00
   借:销售费用　　　　　　　　　　　　　　　　　　　15 400.00
   借:管理费用　　　　　　　　　　　　　　　　　　　35 800.00
   　贷:应付职工薪酬　　　　　　　　　　　　　　　　351 520.00

3. 借:基本生产成本——A产品　　　　　　　　　　　　 3 000.00
   借:销售费用　　　　　　　　　　　　　　　　　　　 300.00
   　贷:包装物　　　　　　　　　　　　　　　　　　　 3 300.00

4. 借:制造费用——折旧费　　　　　　　　　　　　　　68 600.00
   借:辅助生产成本——折旧费　　　　　　　　　　　　 4 000.00
   借:销售费用　　　　　　　　　　　　　　　　　　　 1 000.00
   借:管理费用　　　　　　　　　　　　　　　　　　　 3 200.00
   　贷:累计折旧　　　　　　　　　　　　　　　　　　 76 800.00

5. 借：制造费用　　　　　　　　　　　　　　　　　　1 200.00
   　借：辅助生产成本　　　　　　　　　　　　　　　　500.00
   　借：销售费用　　　　　　　　　　　　　　　　　　300.00
   　　贷：低值易耗品　　　　　　　　　　　　　　　　2 000.00
6. 借：制造费用　　　　　　　　　　　　　　　　　　2 600.00
   　　贷：待摊费用　　　　　　　　　　　　　　　　　2 600.00
7. 借：制造费用　　　　　　　　　　　　　　　　　　5 950.00
   　　贷：银行存款　　　　　　　　　　　　　　　　　5 950.00
8. 借：基本生产成本——A产品　　　　　　　　　　　21 600.00
   　借：基本生产成本——B产品　　　　　　　　　　　16 200.00
   　借：制造费用　　　　　　　　　　　　　　　　　　1 440.00
   　借：销售费用　　　　　　　　　　　　　　　　　　1 080.00
   　借：管理费用　　　　　　　　　　　　　　　　　　2 160.00
   　　贷：辅助生产成本——发电车间　　　　　　　　　42 480.00
9. 借：基本生产成本——A产品　　　　　　　　　　　81 120.00
   　借：基本生产成本——B产品　　　　　　　　　　　60 840.00
   　　贷：制造费用　　　　　　　　　　　　　　　　141 960.00

五、核算题(14分)

1. 确定各种产品的单位系数和总系数(见图表测试题题解3-1)。

图表测试题题解3-1

产品系数计算表

产品类别：甲类　　　　2018年3月31日

产品	产量(件)	原材料费用		加工费用	
		单位系数	总系数	单位系数	总系数
A产品	1 000	1	1 000	1	1 000
B产品	800	1.15	920	1.2	960
C产品	600	0.95	570	0.9	540
合　计	—	—	2 490	—	2 500

$$B产品原材料费用系数=\frac{101.50}{88.25}=1.15$$

$$C产品原材料费用系数=\frac{83.85}{88.25}=0.95$$

$$B产品加工费用系数=\frac{3}{2.5}=1.2$$

$$C产品加工费用系数 = \frac{2.25}{2.5} = 0.9$$

2. 用系数分配法计算各种产品的总成本和单位成本(见图表测试题题解 3-2、图表测试题题解 3-3)。

图表测试题题解 3-2

产品各项费用分配率计算表

金额单位:元

项　　目	直接材料	直接人工	燃料及动力	制造费用
产品总成本	219 120.00	124 000.00	13 750.00	56 000.00
产品总系数	2 490	2 500	2 500	2 500
费用分配率	88.00	49.60	5.50	22.40

图表测试题题解 3-3

各种产品成本计算表

产品类别:甲类　　　　　2018年3月31日　　　　　金额单位:元

项目	产量(件)	分配标准		完工产品总成本					单位成本
		原材料费用总系数	加工费用总系数	直接材料	直接人工	燃料及动力	制造费用	合计	
费用分配率	—	—	—	88.00	49.60	5.50	22.40	—	
A产品	1 000	1 000	1 000	88 000.00	49 600.00	5 500.00	22 400.00	165 500.00	165.50
B产品	800	920	960	80 960.00	47 616.00	5 280.00	21 504.00	155 360.00	194.20
C产品	600	570	540	50 160.00	26 784.00	2 970.00	12 096.00	92 010.00	153.35
合计	2 400	2 490	2 500	219 120.00	124 000.00	13 750.00	56 000.00	412 870.00	—

会计分录:

借:库存商品——A产品　　　　　　　　　　　　　165 500.00
借:库存商品——B产品　　　　　　　　　　　　　155 360.00
借:库存商品——C产品　　　　　　　　　　　　　92 010.00
　　贷:基本生产成本——甲类　　　　　　　　　　412 870.00

六、计算题(第 1、第 2 小题各 4 分,第 3 小题 6 分,共 14 分)

1. 计算制造费用脱离定额差异。

$$计划小时制造费用分配率 = \frac{99\,200}{1\,600 \times 4} = 15.50$$

$$实际小时制造费用分配率 = \frac{95\,953}{6\,050} = 15.86$$

工时效率制造费用差异 = (6 050 − 6 400) × 15.50 = −5 425(元)

制造费用分配率差异 = (15.86 − 15.50) × 6 050 = 2 178(元)

制造费用脱离定额差异 = −5 425 + 2 178 = −3 247(元)

2. 计算月初在产品原材料原定额成本和定额变动差异。

B 在产品原材料原定额成本 = 300 × 250 = 75 000(元)

$$系数 = \frac{285}{300} = 0.95$$

月初 B 在产品原材料定额变动差异 = 75 000 × (1 − 0.95) = 3 750(元)

3. 用净实现价值分配法计算联产品成本和单位成本(见图表测试题题解 3-4)。

图表测试题题解 3-4

联产品成本计算表

金额单位:元

项　目	产量（千克）	单位售价	销售价格	可归属成本	净实现价值	分配比例
联合成本	13 500	—	465 000	35 000	500 000	
A 产品	7 500	30	225 000	15 000	240 000	0.48
B 产品	6 000	40	240 000	20 000	260 000	0.52

项　目	应负担成本					全部成本	单位成本
	直接材料	直接人工	燃料及动力	制造费用	合计		
联合成本	193 000	99 400	26 800	50 800	370 000	405 000	—
A 产品	92 640	47 712	12 864	24 384	177 600	192 600	25.08
B 产品	100 360	51 688	13 936	26 416	192 400	212 400	35.40

七、计算分析题（8分）

用数字和文字按成本项目进行成本计划完成情况分析。

1. 编制。

商品产品成本分析表如图表测试题题解 3-5 所示。

图表测试题题解 3-5

商品产品成本分析表（按成本项目）

编制单位：大平工厂　　　　　　2017 年 12 月　　　　　　　金额单位：元

成本项目	本年实际产量总成本		实 际 比 计 划		各项差异对总成本影响的百分比（%）
	实际总成本	计划总成本	降 低 额	降低率（%）	
直接材料	649 520	660 000	10 480	1.59	0.83
直接人工	322 980	320 000	−2 980	−0.93	−0.24
燃料及动力	95 540	96 000	460	0.48	0.04
制造费用	178 270	180 000	1 730	0.96	0.14
商品产品成本	1 246 310	1 256 000	9 690	0.77	0.77

2. 文字分析。

上列商品产品成本分析表显示：大平工厂全部商品产品的实际生产成本降低了 0.77%，主要是由于直接材料成本降低了 10 480 元，比计划降低了 1.59%，燃料及动力降低了 460 元，比计划降低了 0.48%，制造费用降低了 1 730 元，比计划降低了 0.96% 形成的，而直接人工则比计划成本增加了 2 980 元，超支了 0.93%。对直接人工的超支，企业应作进一步的分析，了解变动因素是由主观因素还是客观因素所致，并采取相应的措施。

八、综合题（第 1 小题 8 分，第 2 小题 4 分，共 12 分）

1. 编制产品成本计算表（见图表测试题题解 3-6、图表测试题题解 3-7）及结转完工产品成本的会计分录。

图表测试题题解 3-6

产品成本计算表

产品批别：24　　　　　　　　　　　　　　　　　　　　　　产量：30 件
产品名称：A 产品　　　　　　2018 年 3 月 31 日　　　　　　金额单位：元

成本项目	月初在产品成本	本月生产费用	生产费用合计	生产费用分配率	完 工 产 品		月末在产品	
					数量（件）	金额	数量（件）	金额
直接材料	49 560	91 200	140 760	3 128	30	93 840	15	46 930

149

(续表)

成本项目	月初在产品成本	本月生产费用	生产费用合计	生产费用分配率	完工产品 数量(件)	完工产品 金额	月末在产品 数量(件)	月末在产品 金额
直接人工	13 622	55 954	69 576	1 784	30	53 520	9	16 056
燃料及动力	2 876	14 440	17 316	444	30	13 320	9	3 996
制造费用	7 044	30 240	37 284	956	30	28 680	9	8 604
合　计	73 102	191 834	264 936	—	—	189 360	—	75 576

图表测试题题解 3-7

产品成本计算表

产品批别：25　　　　　　　　　　　　　　　　　　　　　　　产量：5 件
产品名称：B产品　　　　2018 年 3 月 31 日　　　　　　　　单位：元

项　目	直接材料	直接人工	燃料及动力	制造费用	合　计
单位定额成本	2 760	1 440	360	820	5 380
完工产品成本	13 800	7 200	1 800	4 100	26 900

会计分录：

　　借：库存商品——A产品　　　　　　　　　　　　　　　　　189 360
　　借：库存商品——B产品　　　　　　　　　　　　　　　　　 26 900
　　　　贷：基本生产成本——21 批别　　　　　　　　　　　　189 360
　　　　贷：基本生产成本——22 批别　　　　　　　　　　　　 26 900

2. 根据产品成本计算表和会计分录登记基本生产成本明细账（见图表测试题题解 3-7、图表测试题题解 3-8）。

图表测试题题解 3-7

"基本生产成本"明细账

产品批别：24　　　　　　　　　　　　　　　　　　　　　　投产批量：45 件
产品名称：A产品　　　　　　　　　　　　　　　　　　　　　单位：元

2018年 月	2018年 日	摘　要	直接材料	直接人工	燃料及动力	制造费用	合　计
3	1	月初在产品成本	49 560	13 622	2 876	7 044	73 102
	31	本月生产费用合计	91 200	55 954	14 440	30 240	191 834
	31	生产费用合计	140 760	69 576	17 316	37 284	264 936
	31	结转完工产品成本	93 840	53 520	13 320	28 680	189 360
3	31	月末在产品成本	46 920	16 056	3 996	8 604	75 576

图表测试题题解 3-8

"基本生产成本"明细账

产品批别：25　　　　　　　　　　　　　　　　　投产批量：15 件
产品名称：B产品　　　　　　　　　　　　　　　　单位：元

2018年		摘　　要	直接材料	直接人工	燃料及动力	制造费用	合　计
月	日						
3	31	本月生产费用合计	41 320	17 560	4 440	10 160	73 480
	31	生产费用合计	41 320	17 560	4 440	10 160	73 480
	31	结转完工产品成本	13 800	7 200	1 800	4 100	26 900
3	31	月末在产品成本	27 520	10 360	2 640	6 060	46 580

丁元霖最新财会系列教材
中等职业教育

基础会计 定价：33.00 元

基础会计习题与解答 定价：25.00 元

财务会计 定价：43.00 元

财务会计习题与解答 定价：25.00 元

成本会计 定价：30.00 元

成本会计习题与解答 定价：25.00 元

财务管理 定价：28.00 元

财务管理习题与解答 定价：25.00 元

税务会计 待出

税务会计习题与解答 待出

全国各地新华书店、经济书店均有销售

本社发行科可以办理邮购

电话：021-64388409　　　　　传真：021-64391885

地址：上海市中山西路 2230 号　　邮编：200235